35	Atelierbesichtigung an malerischem Stadtplatz	66
36	Eine der wichtigsten Reliquien der Christenheit	68
37	Rilkes Karussell dreht sich noch immer	69
38	Liebe im Mittelalter	70
39	Ein Ort für Heiratsanträge	72
40	Teufelswerk an Notre-Dame	74
41	Modernes Design trifft auf Historisches	76
42	Ihm stand das Wasser bis zum Halse	78
43	Wie die Zeit vergeht …	80
44	Auf Spuren der Römer	82
45	Buddha in der Tiefgarage	84
46	Schokolade für Marie-Antoinette	86
47	Der älteste Baum von Paris	88
48	Von der Seine umarmt	90
49	Gotik inspiriert zum Spiel von Form und Farbe	92
50	Das Paradies der Damen	94
51	Eine Suppenküche vom Feinsten	96
52	Ein Denker wartet auf die Métro	98

Westen

53	Imbiss unter Palmen	100
54	Selfservice mit absolutem Bestblick auf den Eiffelturm	102
55	Das Geburtszimmer des Sonnenkönigs	104
56	Russische Zwiebeltürme mitten in Paris	106
57	Kinostars in Messing verewigt	106
58	Wer ist die Schönste?	108
59	Aufstrebende Kunst, in Luxus gerahmt	110
60	Namensgeberin von Wolkenkratzern umzingelt	112
61	In vino veritas – Weinprobe im Museum	114
62	Wie kam der Obelisk hierher?	116
63	»Miniatur-Schweiz« mitten in der Großstadt	120
64	Entspannung auf Japanisch	122
65	Wer wird denn gleich in die Luft gehen?	124
66	Architektur und Kino – ein Gesamtkunstwerk	126

Osten

67	Ehemalige Goldgießerei wird zum Konsumtempel	128
68	Ein Tresen in Hufeisenform	130
69	Eine Reise nach Afrika	132
70	Ein Lokal lässt die Piaf wieder auferstehen	134
71	Street Art zwischen historischen Fassaden	136
72	Die Porzellansammlung von Victor Hugo	138
73	Paris wird geschützt	140
74	Zeugen des Mittelalters	142

75	Eintauchen in die Welt aus 1001 Nacht	144
76	Weine bis zum Abwinken beim Baron Rouge	146
77	Das Hôtel du Nord – eine französische Filmlegende	148
78	Absolut-cool-Drinks in der Icebar	150
79	Tanzen am Ufer der Seine	152
80	Tee für Schnurrbartträger	154
81	Blick aufs Herz der Stadt	156
82	Über 5000 Jahre alte Schiffe gefunden	158
83	Der älteste Kreuzgang von Paris	160
84	Königlich entlohnter Sexualkundeunterricht	162
85	Kaufen und Gutes tun	164
86	Lianenzopf schlängelt sich über die Seine	166
87	Ein Dorf in der Stadt	168

Norden

88	Ein Engländer, der »die Durstigen tränkte«	170
89	»Ich liebe dich« sagt man in jeder Sprache	172
90	Merkur zwischen romanischen Mauern	172
91	Ein großer deutscher Dichter im Pariser Exil	174
92	Der Mann, der durch die Mauer ging	176
93	Auf einen Kaffee zu Amélie	178
94	Dreck-weg	178
95	Hier wird die Romantik gefeiert	180
96	Bibliothek als Zufluchtsort	182
97	Im siebten Himmel des Terrass Hôtels	184
98	Auf Spuren eines Kopflosen	186
99	Cabaret Michou	188

| ▶ | **Register** | 190 |
| ▶ | **Impressum** | 191 |

Vorwort

In Paris könnte jeder Pflasterstein eine Geschichte erzählen, und je tiefer man gräbt, desto mehr tritt an die Oberfläche. So tat sich etwa 1889 bei Umbauarbeiten in der Nähe von Notre-Dame plötzlich eine römische Stadtmauer auf (Nr. 44) und im Osten von Paris wurden Boote gefunden, die schon 5000 Jahre alt sind (Nr. 82). Über viele Jahrhunderte hindurch war Paris nicht nur kulturelles, wirtschaftliches und politisches Zentrum von Frankreich, sondern strahlte auf ganz Europa aus.

Stets fühlten sich Menschen aus aller Welt von Paris angezogen. Die kosmopolitische Atmosphäre der Stadt regt dazu an, in wenigen Stunden eine Weltreise durch verschiedenste Kontinente zu unternehmen: Von einer arabischen Moschee (Nr. 75) über einen buddhistischen Tempel in Chinatown (Nr. 45) zu einem afrikanischen Markt (Nr. 69).

Wie keine andere Stadt der Welt lebt Paris vom Glanz vergangener Zeiten und steht noch heute für *Savoir-vivre* (= Lebensart) und Luxus. Da die Stadt im Krieg nicht zerstört wurde, tun sich hinter den dicken Mauern so manches absolutistischen Stadtpalais versteckte Prachträume auf, wie man sie nur aus Kostümfilmen kennt. Sie laden zum Träumen ein und lassen die Gegenwart vergessen. Die Wege führen aber auch vorbei an Relikten, die das Mittelalter mit all seinen makabren Geschichten vergegenwärtigt.

Hat man einmal angefangen, in Paris auf solchen Wegen zu wandeln, wird man dem Charme der Stadt erliegen und immer mehr darüber erfahren wollen. Somit wird jeder zukünftige Paris-Aufenthalt zu einem wahren Abenteuer.

Viel Spaß dabei wünscht Ihnen
Ihre Waltraud Pfister-Bläske

01 Little India

Nicht nur in der Passage Brady, sondern auch in der Gegend von Gare du Nord und La Chapelle fühlt man sich teilweise wie in den Straßen von Neu-Delhi. Sich ein gutes Curry gönnen, einen originalen Sari kaufen, sich die Augenbrauen nach indischer Art zupfen lassen oder einen Bollywoodfilm ansehen, alles ist möglich.

Bekanntestes Zentrum der indischen Community in Paris ist sicher die Passage Brady. Seit dem 18. Jahrhundert sind unzählige überdachte Passagen in Paris entstanden und manche auf aufwendigste Art restauriert worden, wie es zum Beispiel bei der Galerie Vivienne in der Nähe des Palais Royal der Fall ist. Nicht so die Passage Brady, die früher noch Hochburg der Stoffläden war und seit den 70er-Jahren von indisch-pakistanischen Läden beherrscht wird. Leider warten die Anwohner immer noch auf die versprochene Restauration, und abends ist es mittlerweile besser, diese Gegend zu meiden.

Trotzdem lohnt es sich, in die teils kitschig-überladene Welt von indischen Läden abzutauchen. Die offen stehenden kleinen indischen Restaurants in der 215 Meter langen überglasten Passage bieten nicht nur äußerst günstige Gerichte an, sondern verströmen einen exotischen Duft von parfümiertem Reis und leckerem Curry. Der verbindet sich mit den Räucherstäbchen der indischen Supermärkte, wie Velan (www.e-velan.com), wo man angeregt von den Speisen auch alle Zutaten für einen indischen Abend bei sich zu Hause erhält. Es gibt kaum ein Gewürz, das man dort nicht finden kann, dies zu Preisen zwischen einem und zwei Euro. Indische Musik regt die Kauflust an, und manche Frau lässt sich im Kosmetiksalon (www.beauteindienne.com) zu niedrigen Preisen zur Bollywood-Schönheit herrichten. Seit 1854 ist die Passage Brady durch den Boulevard Straßbourg in einen überdachten und einen offenen Teil getrennt. Folgt man dem Boulevard Straßbourg in den Norden, findet man zwischen den Métro-Stationen Gare du Nord und La Chapelle eine fast noch authentischere indische Szene.

Passage Brady · Métro Straßbourg – Saint-Denis, Gare du Nord und La Chapelle

Relief an der Oper löst Skandal aus

Man war sehr stolz, als man unter Napoléon III 1875 das größte Opernhaus der Welt unter dem Bauherren Charles Garnier (1825 bis 1898) errichtete. Die vier Skulpturengruppen Musik, Poesie, Drama und Tanz sollten die Fassade schmücken. Doch wie entsetzt reagierten Teile der Presse und der Bevölkerung auf letztere. Der Tanz des Bildhauers Jean-Baptiste Carpeaux (1827 bis 1875) erschien ihnen doch zu sinnenfroh. Am 27. Juli 1869 meuterte eine Gruppe und besprühte das Kunstwerk mit Tinte. Heute findet man das Original im Musée d'Orsay. Die Kopie an der Oper stammt übrigens von Paul Belmondo (1898 bis 1982), dem Vater des gleichnamigen Schauspielers.

Opéra Garnier · 8, Rue Scribe · Tel. 01 71 25 24 23 · www.operadeparis.fr · Métro Auber

Edler und größer kann keine »Käseglocke« sein

Atemberaubend ist der Eindruck für den Besucher, der beim Eintritt in eine Société Générale gegenüber der alten Oper einen normalen Bankschalter erwartet. Eine riesige Art-Nouveau-Glaskuppel (24 Meter Durchmesser) taucht die Eingangshalle in gedämpftes Licht. Über dem kostbaren Mosaikboden erhebt sich ein die ganze Halle einnehmender runder Schalter, *frommage* (= Käse) genannt. Das Gebäude wurde 1912 fertiggestellt und ist ein Werk des Architekten Jacques Hermant, eines Pioniers des Stahlbetonbaus. Wer nicht genug von diesen beeindruckenden Kuppeln hat, kann in fünf Minuten Fußweg auch die Kuppeln der gegenüberliegenden Kaufhäuser Printemps und Galeries Lafayette bewundern.

Bank Société Générale · Mo–Fr 9–17.30 Uhr · 29, Boulevard Haussmann
Métro Chaussée d'Antin – La Fayette

04 Champagner in der Badewanne

Das Théâtre de la Ville an der zentral gelegenen Place du Châtelet trägt den Beinamen »Sarah Bernhardt«. Es war das Theater der großen Diva des 19. Jahrhunderts, die nicht nur eine der ersten Schauspielerinnen von Weltruhm war, sondern mit ihrem Lebenswerk eine Brücke zwischen Theater und Stummfilm schuf.

Sarah Bernhardt (1844 bis 1923) war wohl die mit Abstand berühmteste Schauspielerin ihrer Zeit. Nachdem sie in der privilegierten Comédie-Française ausgebildet worden war, hatte sie ihre ersten Erfolge im Odéon, einem Theater nahe dem Jardin du Luxembourg. Als erste Sängerin und Schauspielerin Europas war es ihr vergönnt, auf Welttourneen bis in die USA zu reisen. Sie pflegte ihr exzentrisches Image, indem sie neben zahlreichen Liebhabern sich beispielsweise in einer Montgolfière schwebend oder in einem Sarg liegend, ihre Rollen studierend, fotografieren ließ. In ihrer Stadtwohnung hielt sie sich exotische Tiere.

Dabei darf aber ihr außerordentliches Talent nicht verleugnet werden, mit welchem sie sogar in der Lage war, anspruchsvolle Rollen wie die des *Hamlet* von Shakespeare mit Bravour zu bewältigen. Ihr Erfolg war so groß, dass sie teilweise mehrere Theater leitete, u.a. das Théâtre des Nations, dem sie ihren eigenen Namen verlieh. Sie galt als die Verkörperung der *Kameliendame* (nach einer Romanvorlage von Alexandre Dumas), einer mondänen Kurtisane, die sich unglücklich in einen jungen Großbürger verliebt. Zu diesem Stück hat Alfons Mucha ein Jugendstilplakat von ihr angefertigt, das weltweit für diese Epoche steht. Sie war auch eine der ersten Schauspielerinnen, die den Sprung in den damals aufkommenden Stummfilm unternahm. Ihre Loge im heutigen Theater ist zwar rekonstruiert, aber die Objekte wie Paravent, Waschbecken, Sofa mit Sphinxköpfen und einige persönliche Gegenstände sind original. In ihrer dort befindlichen Badewanne soll die Diva weniger gebadet als ihren Champagner gekühlt haben.

Théâtre de la Ville, Sarah Bernhardt · 2, Place du Châtelet · Tel. 01 42 74 22 77
www.theatredelaville-paris.com · Métro Châtelet

Der eingebildete Kranke

Der große Nationaldichter Molière brach 1673 als Hauptdarsteller seines Stückes »Der eingebildete Kranke« auf der Bühne zusammen. Das Publikum war angetan von dieser perfekt gespielten Inszenierung und merkte erst später, dass der Dichter im Sterben lag. Der Stuhl, auf dem er zusammenbrach, existiert noch.

Als Sohn eines königlichen Raumausstatters von Louis XIV war es Molière (Künstlername) vergönnt, eine Ausbildung in einem Jesuitenkolleg zu erhalten. Zum Missfallen seines Vaters schloss er sich einer wandernden Schauspieltruppe an. Er begann Stücke zu schreiben, die dem König sehr gefielen und avancierte schnell zu dessen Günstling. Durch den Druck, dem König immer wieder neue Belustigungen am Hofe zu bieten, war er nicht nur äußerst produktiv, sondern erhob die Komödie zu einer der Tragödie gleichwertigen Gattung. Das machte ihn nicht nur zu einem der wichtigsten französischen Klassiker, sondern zu einem Dichter von Weltruhm.

Mit seinem Stück *Die lächerlichen Preziösen* hatte er seinen Durchbruch und bekam schon schnell vom König einen Saal im Palais Royal zugewiesen. Noch heute wird die staatliche, schon 1680 gegründete Comédie Française im Volksmund »Das Haus von Moliére« genannt. Seine Stücke wie *Der Bürger als Edelmann* oder *Der Geizige* bleiben immer aktuell. Kritik und Humor verbinden sich. *Der Menschenfeind* war dem König dann zu beißend, und Molière litt nicht nur an seinem Reputationsverlust, sondern auch an einer schweren Tuberkulose. Mit knapp über 50 Jahren bricht der Dichter ausgerechnet beim Stück *Der eingebildete Kranke* zusammen, und schnell wird er in seine wenige Schritte entfernte Wohnung in der Rue Richelieu gebracht, wo er kurz darauf stirbt. Heute steht an dieser Stelle ein riesiger Brunnen mit der Statue des Dichters. Der Stuhl, auf dem er zusammenbrach, aber ist in den Theaterpausen in einem Glaskasten zu besichtigen, und alljährlich zum Geburtstag (14. Januar) des Dichters steht er im Freien vor dem Eingang des Theaters.

Stuhl von Molière: Galerie des bustes in der Comédie-Française · 1, Place Colette
Tel. 08 25 10 16 80, 01 44 58 15 15 · www.comedie-francaise.fr
Métro Palais Royal – Musée du Louvre

06 In Stein gemeißelte menschliche Schicksale

Keine Kirche von Paris weist so viele Votivtafeln auf wie die Basilique Notre-Dame des Victoires. In Stein gemeißelte Bitten und Danksagungen an die Gottesmutter lassen einen in die Schicksale von Menschen eintauchen, die schon längst nicht mehr leben, und die eigene Gegenwart vergessen.

Ursprünglich befand sich hier an der Place des Petits Pères das Kloster eines Augustinerordens. Als Ludwig XIII 1628 die Protestanten (genannt die *victoires*, also Siege) bei La Rochelle besiegte, löste er sein Gelübde ein, diese Kirche nach den Plänen von Pierre le Muet auszubauen und der Heiligen Gottesmutter (= Notre Dame) zu weihen. Das Ereignis wird auch auf einem Gemälde des Malers Charles André van Loo (1705 bis 1765) im Chor der Kirche dokumentiert. Wie vielerorts wurde auch dieses Gotteshaus während der Französischen Revolution zweckentfremdet und diente zeitweise als Sitz der staatlichen Lotterie und der Börse. Nach ihrer erneuten Einweihung 1809 entwickelte sich die Kirche zu einem bedeutenden Marienwallfahrtsort, woraufhin sie vom Papst die Ehrenbezeichnung »Basilika« erhielt. Schon der Vorplatz der Basilika in der Nähe des Palais Royal weist eine idyllische Stimmung fern jeglichen Großstadtgetöses auf. Bistros, Bäckereien und ein Devotionalienladen säumen den ruhigen Platz. Beim Eintritt in den dunklen Kirchenraum steigert sich die Ruhe des Besuchers. Sofort fallen die unzähligen hellen Tafeln mit ihren Widmungen an fast allen Wänden der Kirche auf. Diese sind mit über 37 000 Votivtafeln gepflastert! Tritt man näher und greift die eine oder andere Tafel heraus, um sie zu entziffern, bekommt man Einblick in die Sorgen und Nöte von Menschen aus den vergangenen Jahrhunderten. Ob es sich um Danksagungen für Heilungen von Krankheiten oder um Schiffsrettungen handelt, an jeder einzelnen hing ein menschliches Schicksal. Ein ganz besonderes Erlebnis ist, wenn die Benediktinerinnen von Sacré Cœur mit ihren glockenhellen, engelsgleichen Gesängen die Messe begleiten.

Basilique Notre-Dame des Victoires · Mo–So 8–19.30 Uhr · Place des Petits Pères · Métro Bourse

Bilder im Louvre mit adligem Blut gemalt?

07

Es klingt zu schauerlich, aber immer wieder werden in französischen Zeitungen Artikel gedruckt, nach denen Bilder aus dem Louvre, insbesondere das 1815 entstandene Kücheninterieur des elsässischen Malers Martin Drolling, mit echten Herzen der königlichen Familie gemalt worden sein sollen.

Es war zwischen 1662 und 1789 üblich, die einbalsamierten Herzen der königlichen Familie in der Kapelle der Kirche Val-de-Grâce in versilberten Emaillekapseln als eine Art Reliquie aufzubewahren. In den Wirren der Französischen Revolution wurde auch diese Kirche geschändet und die Herzen von 45 Königen und Königinnen entwendet. Es ist nachgewiesen, dass ein Architekt von Louis XVI namens Louis-François Petit-Radel sich 13 solcher Urnen bemächtigte, in denen sich unter anderem die Herzen von Anne-d'Autriche und Marie Thérèse d'Espagne, der Frau von Louis XIV, befanden. Die getrockneten Adelsherzen waren eine gefragte Substanz, um die sich die Maler der Zeit rissen. Schon vorher kaufte man zu Goldpreisen orientalische Leichen, da man herausgefunden hatte, dass das menschliche Blut im Vergleich zum üblichen Tierblut einen besonderen Stoff aufweist. Mit dem Mörser zerstampft, soll das Pigment eine sogenannte Mumie bilden, die der Lasur des Bildes eine besondere Transparenz verleiht. Ein namentlich bekannter Abnehmer des Architekten war Martin Drolling. Es gibt doch zu denken, wenn man in der 2. Etage des Sully-Flügels im Louvre sein Gemälde *Intérieur d'une cuisine* von 1815 betrachtet: Zwei mit Handarbeiten beschäftigte Frauen sitzen in einer rustikalen Küche. Die vordere hält ein rotes Tuch von auffälliger Brillanz in der Hand. Die Geschichte bleibt noch ein Mysterium, da bisher keine DNA-Analysen vorgenommen wurden. Nicht so beim Herzen von Louis XVII, dem 10-jährigen Sohn von Marie-Antoinette. Nachdem dies per Analyse bestätigt worden war, hat man 2004 die Urne des Königsherzens in der Anwesenheit des gesamten europäischen Hochadels feierlich in St. Denis bestattet. Vive le roi!

Interieur d'une cuisine · Martin Drolling, 2. Etage, Sully-Flügel, Saal 57 im Musée du Louvre
Mi–Mo 9–18 Uhr, Mi und Fr bis 21.45 Uhr · 162, Rue de Rivoli · Tel. 01 40 20 53 17
Métro Louvre – Rivoli

08 Strawinskys Feuervogel verzaubert

Igor Strawinsky (1882 bis 1971) kam als 28-Jähriger zum ersten Mal nach Paris und zwar zur Uraufführung seines Balletts Der Feuervogel. *Der in allen Farben schillernde Vogel machte den Komponisten weltweit bekannt. Niki de Saint Phalle und Jean Tinguely setzten dem Komponisten mit ihrem Brunnen ein Denkmal.*

Die ausgebreiteten knallbunten Schwingen und der strahlenförmige Kamm des Feuervogels dominieren den heiteren Brunnen Fontaine Stravinsky, der 1983 neben dem kurz vorher entstandenen Centre Georges Pompidou entstand. Der Platz zwischen der grauen Fassade der gotischen Kirche Saint-Merri und dem von den Parisern damals als »Raffinerie« bezeichneten Kulturzentrum wirkte grau und streng. Farbe und Heiterkeit mussten her. Das Problem wurde bestens gelöst durch den Schweizer Maler und Bildhauer Tinguely, der darauf bestand, dass seine französische Lebensgefährtin Niki de Saint Phalle mitwirkt. Die dynamischen Mobiles des Künstlers erzeugen mit den leuchtkräftigen, aus Fiberglas bestehenden Figuren seiner Partnerin und den vielen kleinen Fontänen eine spritzig- anregende Atmosphäre, die nicht nur Kindern gefällt. Den Feuervogel hat Strawinsky einem russischen Märchen entlehnt. Dort jagt der junge Prinz Iwan den Vogel bis in den Garten eines Zauberers. Am Wunderbaum fängt er diesen, lässt ihn aber wieder frei. Als Dank dafür schenkt der Feuervogel ihm eine seiner prächtigen Federn. Andere Figuren des Brunnens, wie die Nachtigall, beziehen sich ebenfalls auf den Komponisten, der das Andersen-Märchen als Oper vertont hat. Verschiedene bunte Tiere, etwa ein Elefant und eine Schlange, beleben den 3,60 mal 1,65 Meter großen Brunnen zusätzlich. Die Sirene erinnert stark an die seit den Sechzigern entwickelten Nanas der Künstlerin – auch hier wieder eine pralle Figur, die in ihrer Weiblichkeit noch überhöht wird, indem Wasser aus ihrer Brustwarze spritzt. Alles lässt sich bestens von der Terrasse des angrenzenden Cafés aus beobachten.

Fontaine Stravinsky · Place Igor Stravinsky · Métro Rambuteau

09 Eine Treppe mit Geheimnissen

Eine der raffiniertesten architektonischen Spielereien der Stadt ist die doppelte Wendeltreppe eines Gebäudes in der Rue Radziwill. Diese Treppe verhindert, dass sich hinaufsteigende und herabsteigende Personen begegnen.

Im Palais Royal und seiner Umgebung tobte im 18. Jahrhundert das Nachtleben. Nicht ohne Grund, denn der Herzog von Orléans, der es bewohnte, hatte das Sonderrecht, der Pariser Polizei den Eintritt zu verwehren. Ab 1781 ließ er dort etwa 60 Häuser mit Arkadengängen ausbauen. In den unteren Etagen blühten das Glücksspiel und die Prostitution, was sich schnell europaweit herumsprach und Paris einen verruchten Touch verlieh. Auf dem Gelände des Palais Royal und in den umliegenden Gässchen

sollen sich an die 2000 solcher Damen getummelt haben. Das Gebäude der Rue Radziwill 33 ist zur gleichen Zeit entstanden und war damals mit seinen acht Stockwerken eines der höchsten der Stadt. Es hat noch einen zweiten Eingang in der Rue de Valois 48. Auch hier sollen sich ein Freudenhaus und eine berüchtigte Spielhölle befunden haben. Wenn die »ehrenwerten«, teils prominenten Herren ein- und ausgingen, konnte man Diskretion wahren. Zwei Wendeltreppen sind so raffiniert ineinander verwoben, dass der Herabsteigende dem Hinaufsteigenden nie begegnet. Stadtbekannte Herren konnten so ihren guten Rut wahren.

Die Idee einer solchen Doppeltreppe war nicht neu, denn schon in Chambord, einem berühmten Loire-Schloss, gibt es eine solche Treppe, die aber offener gestaltet ist und vermutlich sogar von Leonardo da Vinci entworfen wurde. Jetzt ist im Gebäude der Rue Radziwill (der eigenartige Name stammt von einem polnischen Grafen) längst Ruhe eingekehrt. Die Spielspelunken wurden schon 1838 verboten, und offizielle Bordelle sind seit 1946 in der Stadt der Liebe staatlich untersagt.

33, Rue Radziwill oder 48, Rue de Valois (im 5. Stock klingeln) · Mo–Fr 9–17 Uhr

CRIOLLO
5,20€

NOUMEA
4,40€

OPERA
4,40€

Naschereien in der ältesten Patisserie von Paris

10

Kein Geringerer als der Hofkonditor von Ludwig XV ist 1730 von Versailles aus hierher in die Rue Montorgeuil gezogen, die damals wie heute eine kulinarische Hochburg war. Die Konditorei gibt es noch immer, und sobald der Eintretende die Ladentür öffnet, fühlt er sich in die Adelsgesellschaft des 18. Jahrhunderts hineinversetzt.

Als 1725 Marie Leszczynska, die Tochter des polnischen Königs Stanislas, Ludwig XV heiratete, bestand sie darauf, dass sie ihren Lieblingskonditor Nicolas Stohrer mit an den Hof von Versailles nehmen durfte. Dessen Spezialität Baba au rhum kam durch den von den kolonisierten Antillen eingeführten Rum so sehr in Mode, dass der geschäftstüchtige Konditor sich kurz darauf in der Nähe der Pariser Großmarkthallen (Les Halles) niederließ. Bei dieser Spezialität handelt es sich um eine Art Brioche, also einem Hefeteigkuchen, der anschließend in Rum getränkt wird und dadurch seine besondere Note erhält. Er gilt immer noch als Spezialität dieser winzigen, aber äußerst schmucken, mit Spiegeln und Jugendstilmalereien dekorierten Konditorei. Dazu gesellen sich Religieuses, eine an Nonnenkleidung erinnernde opulente Zusammensetzung aus Eclairs (Windbeutelstangen), die mit Schokoladen- und Kaffeecreme gefüllt sind, sowie die berühmten Puits d'amour, Blätterteigküchlein, die mit intensiver Vanillecreme und Karamel überzogen sind. Allen gemeinsam ist, dass sie oft noch nach alten Traditionsrezepten aus dem 18. Jahrhundert angefertigt werden. Aber nicht nur bei den süßen Teilchen versteht sich der Laden auf minutiöses Confiserie-Handwerk, sondern auch in der Herstellung von Aperitifhäppchen mit Jakobsmuscheln, Schnecken oder Pasteten. Es ist leicht möglich, hier Mireille Mathieu anzutreffen, eine gute Freundin des derzeitigen Chefs. Auf einen Gast ist man hier aber besonders stolz: Im April 2004 kam im Rahmen eines Staatsbesuchs die englische Königin Elisabeth II hier vorbei. Dieses Ereignis wird auf der Website der Konditorei mit einem Film dokumentiert. Das ist doch wirklich »royal«!

Stohrer-Pâtissier, Traiteur · täglich 7.30–20.30 Uhr · 51, Rue Montorgueil · Tel. 01 40 26 41 64
www.stohrer.fr · Métro Chatelet-Les Halles

11 Zu Gast bei Madame Pompadour

Man hört förmlich noch prächtige seidene Roben des 18. Jahrhunderts durch den Gang rascheln. Als Teesalon, Restaurant und Galerie hat die chinesische Musikerin und Antiquitätensammlerin Yang Lining in 13-jähriger Restaurationsarbeit diesem einzigartigen Ort, der fast hundert Jahre verlassen war, neues Leben eingehaucht.

Das Palais Hôtel Mazin-La Fayette wurde im Jahre 1728 errichtet und ist wie durch ein Wunder von den Haussmannschen Abrissmaßnahmen Mitte des 19. Jahrhunderts verschont geblieben. Schon der Eintritt in den Hof des Palais vermittelt den Eindruck eines exklusiven Privatclubs. Die vier Säle mit seidenen Wandbespannungen und fast fünf Meter hohen Decken sind geschmackvoll mit ausgesuchten Antiquitäten des 17. bis 19. Jahrhunderts ausgestattet. Der Damensalon wartet mit einer kleinen Bibliothek auf. Andere Säle wurden benannt nach den Herrschaften, die hier teilweise residiert haben. So gibt es einen Salon La Fayette wie auch einen Salon Pompadour. Die Mätresse von König Ludwig XIV. zog sich hierher gerne von einem anderen ihrer exklusiven Wohnsitze zurück, dem heutigen Elysée-Palast, der sich nur wenige Schritte um die Ecke befindet.

Speziell dem Salon Pompadour wurde mit erlesenen Sammelstücken eine chinesische Note verliehen. Auch die vorherrschend französische Speisekarte zeigt asiatischen Einfluss. Zum Nachmittagstee an den Samstagen wartet die Hausherrin als exzellente Teekennerin mit einer großen Palette auf. Diese wird versüßt durch Patisserie-Teilchen von Arnaud Larher, der 2007 als bester Handwerker seiner Gilde ausgezeichnet wurde. Natürlich hat das alles seinen Preis, man befindet sich auch schließlich in der Luxusgegend neben der Rue du Faubourg Saint Honoré. Trotzdem wird es wohl ein einmaliges Erlebnis bleiben, in hochgepolsterten weinroten Samtfauteuils zu sitzen, während bei dezenter klassischer Musik das Feuer im Kamin aus der Zeit von Ludwig XIV. knistert und die Kronleuchter aus Muranoglas sich mannigfaltig in den goldstuckierten Spiegeln wiederholen.

1728 · Mo–Fr 12–14.30 und 19.30–23 Uhr · 8, Rue d'Anjou · Tel. 01 40 17 04 77
www.restaurant-1728.com · Métro Concorde

Essen in der Krypta der Kirche Madeleine

12

Wie pietätlos das doch klingt, in der Gruft unterhalb des Altars zu speisen, wo normalerweise die Reliquien von Märtyrern aufbewahrt werden! Hinter das Gitter an der rechten Seitenwand der berühmten Kirche Madeleine trauen sich nur ganz selten Touristen.

Nahezu jeder Parisbesucher kennt den kühlen klassizistischen Bau der Madeleine-Kirche, die sich in ihrer Sichtachse, der Rue Royale, dem größten Platz der Stadt öffnet, der Place de la Concorde. Baubeginn war 1764 unter Ludwig XV. Am hervorstechendsten in ihrem Inneren ist eine Statue der Maria Magdalena von Carlo Marochetti (1805 bis 1867). Napoléon ist es nicht gelungen, die Kirche in eine Ruhmeshalle für seine Soldaten umzuwandeln, dafür wird sie aufgrund ihrer Strenge gerne für Staatsbegräbnisse hergenommen.

Kaum einer vermutet jedoch, dass man in der darunter liegenden Krypta zu Mittag essen kann. Das liegt an einem Gesetz von 1901, nach der die Kirchengemeinde eine Möglichkeit anbieten sollte, eine Gemeinschaft zu schaffen und auch für das leibliche und seelische Wohl von weniger begüterten Menschen zu sorgen. Diese zahlen nichts, während andere durch den Solidaritätsbeitrag von 8,50 Euro pro Menü das Projekt unterstützen. Ein Jahresbetrag von 7 Euro für Nicht-Pariser wird allerdings erhoben, doch für den guten Zweck tut man das gern. Die Flasche Wein wird mit 6 bis 8 Euro und der Café mit 0,80 Euro berechnet. Doch nicht nur deshalb kommen die meist gut gekleideten Besucher, sondern vor allem wegen der besonders geselligen und heimeligen Atmosphäre in den alten Gewölben der Krypta. Die Damen, die dort ehrenamtlich bedienen, sind ausnehmend freundlich und so schnell wie in fast keinem anderen Restaurant. Das dreigängige Menü ist einfach, und man kann zwischen zwei Haupt- und mehreren Vor- und Nachspeisen wählen. An den größeren Tischen kommen die Leute leicht ins Gespräch miteinander und wer möchte, kann auch in diskreter unaufdringlicher Weise mit einem Pfarrer sprechen.

Foyer de la Madeleine · Mo–Fr 11.45–14 Uhr, Kirche 9.30–19 Uhr · Place de la Madeleine, Eingang gegenüber vom Blumenmarkt · Tel. 01 47 42 39 84 · http://foyerdelamadeleine.fr · Métro Madeleine

13 Der »Nullpunkt« von Paris

Frankreich ist ein zentralistisch angelegtes Land. Von der Kapitale aus wird seit Jahrhunderten alles bemessen und bestimmt. Kein Wunder, dass auch die Distanzen zu allen wichtigen französischen Städten sich auf einen konkreten Punkt in Paris, den sogenannten »point zéro« (= Nullpunkt) beziehen.

Um die Messingscheibe in Form einer Windrose sind immer wieder Touristengrüppchen versammelt. Eingerahmt wird diese Scheibe von einem Stein, in den *point zéro des routes de France* gemeißelt ist, was bedeutet, dass von hier aus die Distanzen auf den Nationalstraßen von Marseille, Lyon und anderen Städten bemessen werden. Einige abergläubische Leute setzen ihren Fuß auf die Scheibe, das soll nämlich dazu führen, dass man man bald wieder nach Paris zurückkehrt. Übrigens ist dieser offizielle Mittelpunkt der Stadt auch der Punkt, nach der sich die Nummerierung der Häu-

ser seit der Französischen Revolution richtet. Das heißt, je näher die Häuser einer Straße an der Seine und damit am point zéro sind, desto niedriger sind die Nummern. Interessanterweise hatte dieser Punkt schon im Mittelalter eine besondere Bedeutung. An der Stelle stand ein Pfahl, zu dem Verurteilte auf Knien kriechen mussten, um ein Geständnis abzulegen, um Abbitte vor dem Erzbischof und vor Gott zu leisten und die Absolution ihrer Sünden zu erflehen. Man muss sich vorstellen, dass diese armen Wesen mit einem Strick um den Hals, barfuß und im Hemd, mit einer Kerze in der Hand und einem Schild mit ihren Vergehen auf dem Rücken geschrieben ein abschreckendes Bild für die Bevölkerung abgeben sollten. Wenn man schon einmal dabei ist, am parvis (abgeleitet von »Paradies«), wie der Vorplatz genannt wird, auf den Boden zu blicken, sollte man auch auf einige Granitplatten achten, auf denen Straßennamen gemeißelt sind, wie zum Beispiel »Rue de Venise«. Es handelt sich dabei um den Verlauf all der mittelalterlichen Gässchen, die Baron Haussmann bei seiner Großrenovierung der Stadt im Jahr 1865 abgerissen hat. Er hat den Platz in seiner Größe damit versechsfacht, als ob er geahnt hätte, dass sich dort einmal so viele Touristen tummeln werden.

Parvis de Notre-Dame · Métro Cité

14 Schnuppern kostet nichts

Parfum ist einer der wichtigsten Luxusexportartikel Frankreichs. Warum dem Parfum nicht ein eigenes Museum widmen? Auch wenn das Parfumerie-Unternehmen Fragonard aus Grasse dahintersteckt, wird ein Besuch in diesem edlen Appartement gegenüber der Opéra Garnier zu einem sinnlichen Erlebnis.

Sich zu parfümieren kam in Frankreich im frühen 17. Jahrhundert in Mode, ursprünglich weil man den relativ üblen Geruch der frisch gegerbten Handschuhe zu überdecken versuchte. Als die Nachfrage am Hof zu Versailles immer mehr zunahm, baute man in der südfranzösischen Stadt Grasse – zunächst vor allem mit Orangenblüten, Jasmin, Rosen und Lavendel ein Parfumzentrum auf, dem an die 30 verschiedene Fabriken angehörten. Auch heute ist Grasse noch die Parfum-Hauptstadt Frankreichs. Dort (und in Paris natürlich) spielt auch Patrick Süskinds berühmter, in 48 Sprachen übersetzter Roman *Das Parfum* (1985). Süskind lässt die Hauptfigur Grenouille auf der Suche nach dem absoluten Duft zum skrupellosen Mörder unschuldiger junger Mädchen werden. Ein Gang durch das Museum, das sich der Parfumherstellung widmet, lässt manche Stellen des Romans wiedererstehen, besonders wenn man vor den großen kupfernen Destillierapparaten steht. Aber auch die Räumlichkeiten selbst, die ein Jahr vor der gegenüberliegenden Opéra Garnier entstanden, sind sehenswert. Bemalte Decken und Kronleuchter zeigen den Wohnstil des Großbürgertums der damaligen Zeit. Die über 3000 Jahre alte Geschichte der Parfumherstellung wird anhand von außergewöhnlichen Behältern, die zum Teil aus Ägypten oder der Antike stammen, dokumentiert. Pomadedöschen, Silberschmiedearbeiten sowie Meißner Porzellan wurden zur Aufbewahrung der Düfte gebraucht. Wer will, kann sich auch als »Nase« (Parfumeur) versuchen und bestimmte Düfte in Döschen erschnuppern. Im Erdgeschoss sind Düfte der Firma Fragonard, die dieses Gratismuseum finanziert, zu Fabrikpreisen käuflich zu erwerben.

Musée du Parfum · Mo–Sa 9–18 Uhr, So 9–17 Uhr · 9, Rue Scribe · Tel. 01 47 42 04 56
www.fragonard.com · Métro Opéra

Hier hängt der Himmel voller Kochtöpfe

15

In diesem Laden an den ehemaligen Hallen hängt der Himmel nicht voller Geigen, sondern voller Küchengerätschaften. Nicht nur Starköche aus aller Welt kennen den Laden, sondern auch für Hobbyköche ist er ein wahres Paradies.

Als das Dehillerin 1820 gegründet wurde, zählte man in Paris schon über 3000 Restaurants, während es 30 Jahre zuvor erst 50 waren. Das lag daran, dass im Zuge der Französischen Revolution eine große Anzahl an vorzüglichen Hofköchen von Versailles arbeitslos geworden war und sich in Paris angesiedelt hatte, denn auch die Revolutionäre und das Großbürgertum waren Anhänger der verfeinerten leiblichen Genüsse. Kommt der Besucher in das relativ große zweistöckige Geschäft, ist er erstmal überwältigt und hat den Eindruck, eine Eisenwarenhandlung aus dem 19. Jahrhundert zu betreten. An den etwa vier Meter hohen Wänden türmen sich kupferne Kasserollen und Pfannen. In den engen anheimelnden Gängen befinden sich Hunderte von alten Holzkästchen, in denen sich teils recht alltägliches, teils wunderliches Küchenwerkzeug befindet. Es macht schon Eindruck auf die Daheimgebliebenen, wenn man als Souvenir seiner Parisreise ein Zuckerthermometer zur Messung des Karamells mit nach Hause bringt. Daneben sind schwere Kupferpfannen für die Zubereitung der berühmten Tarte Tatin, Flambierbrenner für die Crème brulée, mannigfaltiges Patisserie-Material und dekorative Praliné-Förmchen zu finden. Ein breites Messerangebot, in dem natürlich die berühmten von Laguiole nicht fehlen dürfen, ist selbstverständlich. Beeindruckend sind auch gusseiserne Pfannen, deren Größe es zulässt, darin komplette Schweine zu braten. Im Schaufenster wird auch eine der berühmt-berüchtigten Entenpressen zur Herstellung von Saucen ausgestellt. Das Gerät aus Messing steht auf vier Entenfüßen und wurde in dem 1582 gegründeten Sternelokal Tour d'Argent entwickelt. Die Ente daneben ist ebensowenig zu verkaufen wie der kupferne Hahn, der als Wahrzeichen des Geschäfts gilt.

Dehillerin · Mo 9–12.30 und 14–18 Uhr, Di–Sa 9–18 Uhr · 18–20, Rue Coquillière
Tel. 01 42 36 53 13 · www.e-dehillerin.fr · Métro Châtelet – Les Halles

16 Nichts für schwache Gemüter: ein Kammerjägerladen

Paris ist ein Paradies für Mäuse und Ratten. Das zeigt sich nicht nur in dem oscarprämierten Zeichentrickfilm »Ratatouille«. Das Schaufenster des Kammerjägerladens von Julien Aurouze stand Pate für eine bekannte Szene des Films. Hier hängen ausgestopfte Prachtexemplare mit dem Kopf in eingeschnappter Falle in den Auslagen.

Der überwiegende Teil der innerstädtischen Baustruktur von Paris ist alt und feucht. So wundert es einen nicht, dass es weitaus mehr Ratten als Einwohner gibt. Seit Jahrhunderten stellt diese Plage ein ernsthaftes Problem dar, das noch Mitte des 19. Jahrhunderts für die Verbreitung der Cholera verantwortlich war.

Jedes Frühjahr, wenn sich die Nager besonders vermehren, startet die Stadtverwaltung bei Wohnungseigentümern, Geschäfts- und Restaurantbesitzern eine Aktion zur Ratten-Vernichtung. Offen stehende Müllsäcke werden mit hohen Strafen bemessen. Hat man die Parasiten im Haus, wird man sie nicht so schnell wieder los, denn sie sind schlau und oft schon immun gegen Rattengift. So mancher betritt dann verzweifelt den Laden von Julien Aurouze, in dem sich seit seiner Gründung im Jahre 1872 kaum etwas geändert zu haben scheint. Es hatte schon seinen Grund, dass Monsieur Aurouze sich hier bei den Hallen niedergelassen hat, einem Ort, der aufgrund der Unmengen von Lebensmitteln ein Eldorado für Ungeziefer war. Nicht umsonst lässt Patrick Süskind seinen Roman *Das Parfum* hier um die Ecke, mitten im Gestank von Fischresten beginnen. Im Zuge der wiederholten Restaurierung der Hallen und der Auslagerung der Großmarkthalle nach Rungis kann man sich dies aber kaum noch vorstellen. Der Laden ist aber nicht nur Zeugnis einer bestimmten Epoche der Geschichte von Paris, sondern wird noch heute stark frequentiert von Kunden, die sich zur Vernichtung von Ungeziefer aller Art dort beraten lassen – bis sie den Laden mit Mitteln mit vielsagenden Namen wie Luzifer verlassen und noch einmal hoffnungsfroh auf die im Schaufenster hängenden Trophäen zurückblicken.

Julien Aurouze · Mo–Sa 9–12.30 und 14–18 Uhr · 8, Rue des Halles · Tel. 01 40 41 16 20
www.aurouze.fr · Métro Châtelet – Les Halles

17 Paris, Stadt der Flaneure

Paris ist eine Stadt, die sich nur zu Fuß erobern lässt. Schon seit Jahrhunderten ist dort das Flanieren angesagt. Der vornehme Herr pflegte dies mit Gehstock zu tun, am besten in einer der Passagen, in der sich heute noch ein skurriles Geschäft befindet, das sich ganz diesen »Gehhilfen« verschrieben hat.

Dabei waren diese Spazierstöcke (cannes) nicht als Gehhilfen gedacht, sondern sollten im Idealfall nicht einmal den Boden streifen. Das meinen die Brüder Segas, die seit 30 Jahren nichts anderes tun, als auf leidenschaftlichste Weise Spazierstöcke zu sammeln und zu verkaufen. Die Stöcke waren das Accessoire der Pariser Dandys des 19. Jahrhunderts schlechthin. Manche dieser Müßiggänger haben es dermaßen übertrieben, dass sie so langsam gingen, wie der Philosoph Walter Benjamin schreibt, als hätten sie sich von Schildkröten an der Leine das Tempo bestimmen lassen. Gerade

in den überdachten Einkaufspassagen, in denen sich der Laden befindet, kann man diese Stimmung gut nachvollziehen. 1830 gab es schon über 20 solcher Passagen, die von den marokkanischen Souks inspiriert waren. Die Pariser waren dort von Gestank, Lärm und auch von zunehmendem Kutschenverkehr abgeschirmt. Diese »Shopping-Malls« wurden, den Vorstellungen ihrer wohlhabenden Kunden entsprechend, reich mit Mosaiken, Marmor, Gaslaternen und Spiegeln dekoriert. Seit einigen Jahren sind sie wieder wunderschön renoviert und strahlen in neuem Glanz. Allen voran die Galerie Vivienne in der Nähe des Palais Royal. Von dort aus lässt es sich durch diese überdachten Wandelgänge mit unzähligen, oft ungewöhnlichen Läden weit über den Boulevard Montmartre hinaus bis zur Passage Jouffroy gehen. Dort fällt der kleine Laden der Brüder Segas mit dem riesigen Elchgeweih über der Eingangstüre auf. Zwischen theatralisch wirkenden roten Samtvorhängen sind die Schätze, die zwischen 100 und 12 000 Euro kosten, ausgestellt. Neben Stöcken von bekannten Persönlichkeiten, wie dem von Henri Toulouse-Lautrec, gibt es Stöcke aus Materialien wie Schildpatt oder seltenen Hölzern.

M. G. W. Segas, Galerie 34 · Mo–Sa 11–19 Uhr · Passage Jouffroy · Tel. 01 47 70 89 65
http://canesegas.com · Métro Richelieu – Drouot

18 Italienische Opern und französische Speisen

Die Oper von Paris genießt Weltruhm, und manchmal ist es nicht einfach, Karten dafür zu bekommen. Einen Appetithappen der besonderen Art wird gegenwärtigen und zukünftigen Opernfans im Restaurant Bel Canto geliefert, das es gleich doppelt in Paris gibt. Hören und essen verbinden sich hier zum Gesamtkunstwerk.

Es ist schon ein besonderes Erlebnis, das Essen von jungen, gutaussehenden Kellnern und Kellnerinnen serviert zu bekommen, die plötzlich mit inbrünstiger Stimme Opern von Verdi, Rossini oder Puccini zu trällern beginnen. Alle Mitglieder der internationalen Truppe sind bestens ausgebildet und vielleicht die Opernstars von morgen. Die übliche Distanz der Bühne ist aufgehoben, und die Gäste werden von der theatralischen Emotion zwischen den Sängern so eingenommen, dass diese den Genuss der gehobenen französischen Küche noch mehr beflügelt. Fein dekorierte Vorspeisen mit Foie Gras, Millefeuille von Tomaten oder kunstvolle Gemüseterrinen leiten das Dinner ein, gefolgt von gegrillten Gambas, einer Lotte mit konfitierter Zitrone und schwarzen Oliven, mandelgefüllten Geflügel, Lamm in Salzkruste mit Rosmarin. Abgerundet wird mit einer Schokoladentarte mit frischen Himbeeren, einer Erdbeersuppe mit Sorbet und Mandelpesto und ähnlichen Köstlichkeiten. Nicht ganz günstig, aber mit Stimmungsgarantie der besonderen Art! Kulinarisches und musikalisches Entzücken vermischen sich, sodass der Gast beschwingt das Lokal verlässt. Er steht dann direkt am Kai, der sich am Rathaus (*Hôtel de Ville*) entlangzieht, und blickt über die Brücken der Seine und ihre Insel. Wenn das nicht zu einem abschließenden Verdauungsspaziergang einlädt! Aufgrund des Erfolges dieses Restaurantkonzeptes (Vorbestellung ist hier immer anzuraten), hat im schicken westlichen Vorort Neuilly ein weiteres Bel Canto eröffnet. Der imposante Palais von 1927 hat zwar nicht die großartige Umgebung wie das Lokal in der Innenstadt, doch bietet es in seinem Inneren eine schöne Kulisse für italienische Opernklänge.

Bel Canto Paris · täglich 19. 30–24 Uhr · 72, Quai de l'Hôtel de Ville · Tel. 01 42 78 30 18
www.belcanto.com · Métro Pont Marie

Die fleißigen Bienen von Paris

19

Die Zahl der »ruches«, der Bienenkörbe, in Paris steigt stetig, und die Pariser sind stolz auf ihren »Betonhonig«, wie sie ihn liebevoll nennen. Auch wenn man die Honiggewinnung erstmal nicht mit der mit Abgasen durchsetzten Großstadtluft verbinden kann, ist dessen Qualität besser als man denkt.

Als 1985 ein Angestellter der alten Opéra Garnier Ärger mit seiner Nachbarin bekam, weil er seine Bienenkörbe auf den Balkon gestellt hatte, nahm er diese kurzerhand mit auf das Dach seines Arbeitsplatzes. Erstaunt musste er feststellen, dass die Stadtbienen teilweise ertragreicher als seine Bienen auf dem Lande waren. Das lag vor allem daran, dass in der Stadt die Temperatur um durchschnittlich drei Grad höher ist, was die Blühperiode verlängert, und dass in den vielen Parks, auf Friedhöfen und Balkonen von Paris eine enorme Artenvielfalt herrscht. Bei regelmäßigen Laboruntersuchungen hat man festgestellt, dass die Luftverschmutzung kaum einen Einfluss auf die Güte des Honigs hat. Auf dem Lande hingegen werden die Bienenvölker durch intensive Anwendung von Pflanzenschutzmitteln und Insektengiften enorm reduziert.

Das Beispiel der alten Oper hat Schule gemacht, die neue Opéra Bastille hat nachgezogen, sowie auch das Grand Palais. Mittlerweile finden sich auch auf Dächern von großen Hotels solche Bienenkörbe. Ein Stück Landleben in der Stadt zu praktizieren, kommt in Mode, und die in manchen Parks angebotenen Imkerkurse werden bei den Parisern gerne angenommen. Eine der ältesten Imkerschulen, die schon seit 1856 existiert, findet sich im südwestlichen Teil des Jardin du Luxembourg. Dort sind auch am letzen Wochenende im September bei der Fête du Miel Verkaufs- und Infostände zum Thema »Honig in Paris« aufgestellt. Honig, produziert auf dem Dach der Pariser Opéra Garnier – wenn das nicht ein originelles Mitbringsel für zu Hause ist? Dieser wird übrigens im Opernladen an der Seite der alten Oper mit entsprechendem Etikett das ganze Jahr über verkauft.

Bienenstöcke im Jardin du Luxembourg · Eingang: 55 bis Rue d'Assas · Métro Vavin

20 Das ungewöhnlichste Kino von Paris

Der chinesisch-verschnörkelte Bau in der Rue Babylone ist gut in einen verwunschenen exotischen Garten eingebettet und macht die meisten Vorübergehenden neugierig. Erst spät erkennen sie, dass es sich um das Kino La Pagode handelt, in dem außerordentliche künstlerische Filme laufen.

Nicht weit von dem Kino entfernt befindet sich das älteste und exklusivste Kaufhaus von Paris, das Bon Marché (s. S. 94). Sein ehemaliger Besitzer François-Émile Morin wollte seiner Frau 1895 zu ihrem Geburtstag ein ganz besonderes Geschenk machen. Da sie eine große Anhängerin asiatischer Kunst war, ließ er vom Architekten Alexandre Marcel eine Pagode anfertigen, die inspiriert wurde vom Toshogu–Schrein in Nikko im Norden Japans. Es entsprach dem Zeitgeschmack, dort rauschende Feste in exotischer Verkleidung abzuhalten. Doch die Freude an dem preziösen Geschenk hielt nicht lange, denn kurze Zeit später betrog die kapriziöse Ehefrau ihren Mann mit dem Sohn eines Mitarbeiters und verließ ihren großzügigen Ehemann. Später interessierte sich die chinesische Botschaft dafür, die Pagode zu kaufen, doch nachdem sie Abbildungen von verlorenen Schlachten gegen Japan entdeckt hatten, ließen sie davon ab.

Nachdem das Gebäude einige Jahre leer stand, hat man hier 1931 ein Kino eingerichtet. Die überschaubaren Räume mit relativ kleinen Leinwänden, rotem Samtgestühl und goldenen chinesischen Wandbespannungen erzeugen eine besonders intime Atmosphäre. Das Kunstfilmprogramm in diesem unabhängigen Kino gilt als eines der feinsten. Hier fand unter andern die Premiere des Filmes *Orpheus* von Jean Cocteau statt. In den 60er-Jahren haben sich hier die Cinéasten versammelt, um sich für die ersten Filme der »Nouvelle Vague« zu begeistern. Wem das Wetter zu schön ist für Kino, der kann sich in das wunderschöne Gartencafé setzen und zwischen steinernen chinesischen Skulpturen und üppig wucherndem Efeu und Bambus meditieren.

La Pagode · 57, Rue de Babylone · Tel. 01 45 55 48 48 · www.etoile-cinemas.com
Métro Saint-Francois-Xavier

Ein Zebra zum Geburtstag kaufen

Auf den ersten Blick wirkt dieser Laden wie ein Geschäft für harmloses Gartenzubehör. Steigt man jedoch die Holztreppe hinauf, kommt man aus dem Staunen nicht mehr heraus. Ein Naturkundemuseum eröffnet sich, mit dem Unterschied, dass man hier alles kaufen kann.

»Deyrolle« gilt als der letzte Tierpräparator von Paris. Als Jean-Baptiste Deyrolle 1831 sein Geschäft gründete, verfolgte er neben dem Verkauf von anatomischen Karten hauptsächlich pädagogische Zwecke und lieferte an Universitäten und Naturkundemuseen. Nach und nach kamen immer mehr Jäger als Kunden hinzu, die dort die Präparierung ihrer Trophäen in Auftrag gaben. Noch immer ist es so, dass manche Kunden ihre Trauer um ihr geliebtes Haustier zu schmälern versuchen, indem sie es dort für die Ewigkeit haltbar machen lassen. Der Laden ist ein wahres Paradies für Sammler aus der ganzen Welt, Dekorateure und Modefotografen, die sich manche Exemplare auch ausleihen können.

Dieser wohl europaweit einzigartige Laden hat wahre Erlebnisqualität. Die oberen Räume des Stadtpalais aus dem 17. Jahrhundert vermitteln den Eindruck eines Naturkundemuseums. Läuft man über das knarrende Parkett, eröffnet sich ein etwas verstaubt und chaotisch vollgestopft wirkendes Szenario, in dem man stundenlang stöbern möchte. In Hunderten von alten dunklen Holzschubladen und Vitrinen sind Mineralien und Insekten aufgereiht. An den Wänden sind in Glaskästen perlmuttschimmernde Schmetterlinge aufgespießt. Zebras, Nashörner und Elche scheinen die Wände zu durchdringen. Auf Zebrafellen räkelt sich Großwild aller Art. Alles ist sorgfältig mit handgeschriebenen Preisschildern versehen. Eine Giraffe kann man für 25 000 Euro mitnehmen. Der Eisbär beläuft sich auf ganze 38 000 Euro. Ein gut gemachter Hase oder ein Pfau sind weitaus erschwinglicher. Für den kleinen Geldbeutel gibt es Schmetterlinge zwischen 5 und 300 Euro.

Deyrolle · Di–Sa 10–19 Uhr · 46, Rue du Bac · Tel. 01 42 22 30 07 · www.deyrolle.com
Métro Rue du Bac

22 Hühner neben Notre-Dame

Auf dem Schild des Blumen- und Vogelmarktes marché aux fleurs et aux oiseaux in der Nähe der Hauptkathedrale steht neuerdings noch der Beiname »Reine Elizabeth II«, denn die englische Königin hat diesen kleinen, aber sehr charmanten Markt im Rahmen ihres Staatsbesuches im Juni 2014 besucht.

Schon seit 1808 hält man hier Markt auf der Place Louis Lépine, der eingerahmt wird von den imposanten Gebäuden des Tribunals und der Pariser Polizeipräfektur. Die Blumenmärkte um die Place de Ternes oder neben der Madeleine-Kirche sind bei weitem nicht so pittoresk. Vielleicht liegt es an den sechs großen nostalgischen Glaspavillons mit schöner schmiedeeiserner Einfassung, vielleicht aber auch an dem besonderen Angebot dieses Marktes. Eine solch wunderschöne Orchideenauswahl, exotische fleischfressende Pflanzen sowie riesige Kakteen findet man kaum auf einem anderen Markt. Überbordende Kübel mit farbenprächtigen Rosen, Hortensien und Flieder geben ein farbenstarkes Bild ab. Daneben sind alle möglichen einheimischen Bäume zu finden, aber auch Bananen und Palmentöpfe fehlen nicht. Das Angebot an wohlriechender französischer Seife mit altmodischen Etiketten, Lavendelsäckchen aus der Provence, Fensterbildern, Töpferware und sonstigen Dekorationsartikeln aller Art ist immens. Wenn sonntags noch das Zwitschern der vielen verkäuflichen Vögel sich über die Marktstände erhebt, wird der Platz im Herzen von Paris zur Idylle. In aufgestapelten Käfigen tummeln sich die buntesten Kanarienvögel. Vor den großen Augen der Großstadtkinder streiten sich Hähne und gackern Hennen und schmiegen sich heranwachsende Küken aneinander. Gerne werden die Hühner auch als Zierde für die Privatparks in der Umgebung von Paris gekauft. Einer der bekanntesten Vogelhändler dort ist Monsieur Camille, als Zweitjob dressiert er Kleintiere, die anschließend in Filmen auftreten. Man erkennt ihn am farbigen Vogel, der ständig auf seiner linken Schulter sitzt.

Marché aux fleurs Reine Elizabeth II · Mo–Sa 8–19.30 Uhr, So 8–19 Uhr · Place Louis Lépine
Métro Cité

Die falschen Königsköpfe rollten

Was war es doch für eine Überraschung, als 1977 im Zuge von Restaurierungsarbeiten der Bank BFCE in der Rue de la Chaussée d'Antin die 21 abgeschlagenen steinernen Königsköpfe zum Vorschein kamen, die einst die Westfassade der Kathedrale Notre-Dame de Paris geschmückt hatten!

Die Besichtigung von Notre-Dame, die 2013 den 850. Geburtstag feierte, gehört zum Standardprogramm von Parisbesuchern. Kaum einer kann sich vorstellen, in welch desolatem Zustand die Kathedrale sich noch Mitte des 19. Jahrhunderts befand.

Es war der berühmte Dichter Victor Hugo, der in seinem *Glöckner von Notre-Dame* zu einer dringenden Renovierung aufrief. So lautet die französische Fassung des Romans (1831) auch einfach *Notre-Dame de Paris* und geht weit über die Geschichte des entstellten Quasimodo, der sich in die schöne Zigeunerin Esmeralda verliebt, hinaus. Der Dichter soll, als er den Roman schrieb, täglich auf die Türme der Kathedrale gestiegen sein, um sich inspirieren zu lassen. Notre-Dame war damals durch Zerstörungen während der Revolution und den Zahn der Zeit nahe am völligen Zerfall. Tatsächlich schaffte Hugo es, durch sein Buch und eine engagierte Kampagne, dass mithilfe des Architekten Viollet-le-Duc Notre-Dame wieder in neuem Glanz erstrahlte.

Eine besondere Herausforderung war die Rekonstruktion der Galerie der 28 Könige. Sämtliche Königsköpfe wurden nämlich in Folge der Enthauptung von Louis XVI 1793 von den Revolutionären abgehauen. Sie wollten ihre Sache gründlich machen und mit der Enthauptung der steinernen Könige demonstrieren, dass sie damit das ganze *Ancien Régime* köpfen. Leider irrten sie sich, da es sich gar nicht um französische, sondern um alttestamentarische Könige handelte. Vollständiger Beweis sind die 21 Königsköpfe, die erst im 20. Jahrhundert wiedergefunden wurden und nun im Musée de Cluny ausgestellt sind.

Musée de Cluny · Mi–Mo 9.15–17.45 Uhr · 6, Place Paul Painlevé · Tel. 01 53 73 78 00
Métro Cluny – La Sorbonne

24 Das »einzige Verlangen« der Dame mit Einhorn

Im Vergleich zu anderen großen Museen in Paris wird das Musée du Moyen Age, das Museum für Mittelalter, weitaus weniger frequentiert. Und auch wenn man sich sonst nicht für mittelalterliche Kunst interessiert, sollte man sich die faszinierende sechsteilige Tapisserie-Folge dort nicht entgehen lassen.

Das Museum wird bei den Parisern schlicht Hôtel Cluny genannt, da sich in diesem gotischen Bau die Äbte von Cluny im 15. Jahrhundert einen Stadtsitz schufen. Das Gebäude ist auf raffinierte Weise in eine ehemalige römische Thermenanlage integriert, was zu sehen alleine schon einen Besuch wert ist. Betritt der Besucher im 1. Stock den halbrunden, leicht dämmrigen Raum, in dem die sechs Teppiche hängen, wird er unweigerlich in ihren Bann gezogen – besonders, wenn er sich bei möglichst geringem Touristenaufkommen auf der Bank gegenüber der seidig und farbintensiv wirkenden Teppiche niederlässt. Man fragt sich, wie die Teppiche noch nach über 500 Jahren so eine Leuchtkraft haben können. Auf jedem ist dieselbe edle Dame in der Art einer Botticelli-Figur abgebildet. Oft gesellen sich noch eine Dienerin, ein Einhorn (*licorne*) sowie ein Löwe und weitere Tiere hinzu. Der Untergrund ist in der Mille-Fleurs (= tausend Blumen) genannten Technik gestaltet, was bedeutet, dass unzählige, auch heute noch gut identifizierbare Blumen die Szene dekorieren. Vertieft man sich in die einzelnen Wandbehänge, kann man schnell verstehen, dass der Spiegel den Sehsinn, die Orgel das Gehör und die Schale mit den Naschereien den Geschmackssinn symbolisieren, während der Kranz mit den Blumen den Geruchssinn und das Berühren des Einhorns für den Tastsinn stehen. Auf dem letzten Teppich steht die Dame unter einem Zelt mit der Aufschrift »Mon seul désir« (mein einziges Verlangen). Sie ist dabei, ihren Schmuck in einer Schatulle abzulegen. Steht dies für religiöse Entsagung? Oder handelt es sich um eine Allegorie der Liebe? Diese Fragen machen die Dame vielleicht noch geheimnisvoller als das Lächeln der Mona Lisa.

Musée de Cluny · Mi–Mo 9.15–17.45 Uhr · Musée national du Moyen Age · 6, Place Paul Painlevé Tel. 01 53 73 78 00 · Métro Cluny – La Sorbonne

Napoléon hat seinen Hut hier gelassen

Viele Gäste, die das Procope betreten, sind erst einmal so geblendet von der opulenten Einrichtung, dass sie die Glasvitrine rechts am Eingang völlig übersehen. Dort ist ein Hut Napoléons ausgestellt, den dieser als junger Leutnant hier als Pfand gelassen haben soll. Er konnte nämlich seine Zeche nicht bezahlen.

Fast jeder, der an Napoléon I (1769 bis 1821) denkt, hat zwei Bilder im Kopf: die Hand in der Weste und den Zweispitz auf dem Kopf. Eine bronzene Plakette mit dem Porträt Napoléons sowie kleine Fahnen mit der französischen Tricolore geben dem Ausstellungsstück fast etwas von einem Altar. Aber der Korse war nicht die einzige Berühmtheit, die dieses Lokal gesehen hat. Beim weiteren Umsehen bemerkt man sofort, dass es viele Geschichten erzählen könnte. Nachdem der aus Palermo kommende Francesco Procopio mit dem Straßenverkauf des soeben in Paris in Mode gekommenen schwarzen Kaffees scheiterte, richtete er 1686 das erste Kaffeehaus von Paris ein. Bald schon wurde das Lokal von Molière und seiner Theatertruppe gut besucht. Schnell war das Genussmittel in Mode und die Damen der Gesellschaft ließen sich ein Tässchen auf silbernem Tablett in ihre Kutsche bringen. Von Italien kommend – wie vieles damals aus dem kulinarischen und künstlerischen Bereich – hatte das schwarze Getränk bald den Ruf eines *boisson intellectuel*, eines »Getränks für Intellektuelle« und beflügelte in diesen Räumlichkeiten den Geist von Philosophen und Schriftstellern wie Voltaire, Diderot, Rousseau und Balzac. Das Café war in der Gesellschaft lange Zeit sehr angesagt, und man bot sogar schon sehr früh Speiseeis an, eine Näscherei, die schon Katharina de' Medici (1519 bis 1589) an den französischen Hof mitgebracht haben soll. Während der Französischen Revolution haben hier Danton, Marat und Robespierre gespeist. Auch wenn sie die Gleichheit predigten, waren die Revolutionäre doch keine Kostverächter, sie verhielten sich frei nach dem Motto »Wasser predigen, aber Wein trinken«.

Le Procope · täglich 12–24 Uhr · 13, Rue de l'Ancienne Comédie 3 · Tel. 01 40 46 79 00
www.procope.com · Métro Odéon

26 Die Ikone Amerikas stammt aus Paris

Es ist gar nicht nötig nach Amerika zu fliegen, um die Freiheitsstatue zu bewundern. Ursprünglich war diese nämlich ein Geschenk Frankreichs an die USA anlässlich der 100-Jahr-Feier ihrer Unabhängigkeitserklärung.

Der Bildhauer Frédéric Auguste Bartholdi (1834 bis 1904) fertigte das Modell an. Es muss schon ein besonderes Spektakel gewesen sein, als man die 46 Meter hohe Statue 1884 versuchsweise in Paris aufbaute – der Koloss von Rhodos war Vorbild –, um das monumentale Geschenk dann wieder zu zerlegen und anschließend zu verschiffen. Weitaus idyllischer haben es die Bronzeabgüsse der Freiheitsstatue, die auf der Seine-Insel Île aux Cygnes und im Jardin du Luxemburg stehen.

Jardin du Luxembourg · 55 bis Rue d'Assas · Métro Vavin

27 Einladung beim Domherren

Wenige Schritte von Notre-Dame entfernt kamen hier im Mittelalter Theologie-Studenten aus ganz Europa zusammen und fanden Unterkunft bei den Domherren (»chanoines«), nach denen diese Straße benannt ist. In Nr. 18 und 20 wohnten einst ein Barbier und ein Metzger, die 1387 zur Strafe bei lebendigem Leib verbrannt wurden, da sie Studenten die Kehle durchschnitten und den Domherren als Fleischpastete serviert hatten. Das Gebäude existiert nicht mehr, dafür mit Nr. 24 ein Domherrenhaus. Nachdem daraus schon 1723 eine Weinbar wurde, servieren heute in dem von Antiquitäten überbordenden Restaurant Frédéric und José, stets gut gelaunt, traditionelle Küche, die man ohne Bedenken genießen kann.

Au vieux Paris d'Arcole · Mo–Fr, So 11–15 und 18–23 Uhr, Sa 18–23 Uhr · 24, Rue Chanionesse
Tel. 01 40 51 78 52 · www.auviewparis.fr · Métro Cité

Belle Époque in der Kunst und beim Lunch

Ein absolutes Muss bei einem Paris-Aufenthalt ist das Musée d'Orsay, da es die typisch französischen Bilder der Impressionisten in sich birgt. Es werden in dieser Epoche nur die heiteren Momente des Lebens geschildert. Ein Besuch im prachtvollen Museumsrestaurant rundet diesen Eindruck bestens ab.

Der erst 1986 zu einem Museum umgebaute Belle-Époque-Bahnhof wurde zur Weltausstellung 1900 an das Seineufer, nur 200 Meter vom Louvre entfernt, gebaut. Er diente nur 40 Jahre seinem ursprünglichen Zweck, da sich die Bahngleise als zu kurz erwiesen. Nachdem er lange Zeit leer gestanden hatte und man den Bahnhof niederreißen wollte, stellte ihn Präsident Georges Pompidou unter Denkmalschutz. Erst nach zehnjährigen Umbauarbeiten ist dieses architektonisch einmalige Museum fertiggestellt worden, und die Impressionisten konnten endlich ihren viel zu eng gewordenen Platz im Jeu de Paume des Tuilerienparks verlassen. Es sind zwar noch viele Elemente des einstigen Bahnhofs erhalten geblieben, trotzdem ist es auf sensible Weise gelungen, der Konzeption einen modernen Anstrich zu geben. Und natürlich spielen neben den ästhetischen auch die praktischen Überlegungen eine Rolle, die variationsreiche Kunst des 19. Jahrhunderts auszustellen. Es versteht sich eigentlich von selbst, dass in einem solchen Museum, das schon äußerlich eher einem Palast ähnelt, es kein ordinäres Museumsrestaurant geben darf. Und der Besucher staunt nicht schlecht, wenn er den relativ engen Gängen im 1. Stock folgt und plötzlich durch die Glaswand in eine Art Schlosssaal blickt. Der ganze Saal strahlt mit seiner ausgeprägten Fensterfront zur Seine hin, und der Blick über die Stadt hinüber zum Louvre bis zur Kirche Sacré Cœur am Montmartre hinauf ist fantastisch. Das einströmende Licht fällt auf die hohen pastellzart bemalten und mit Stuck versehenen Decken, Kristalllüster sowie die vielen goldumrahmten Spiegel. Die Atmosphäre ist nicht so steif wie erwartet, und niemand hat etwas dagegen, wenn man nur einen Salat nimmt.

Restaurant des Musée d'Orsay · Di–So 9.30–17.45 Uhr, Do 9.30–14.45 Uhr · Rue de la Légion d'Honneur · Tel. 01 45 49 47 03 · www.musee-orsay.fr · Métro Solférino

29 Die schönste Freizeitmeile der Welt

Der Autoverkehr ist verbannt, die Seine ist wieder in den Händen ihrer Bewohner. Natur, Sport, Kultur – alles ist geboten auf der erst 2013 eröffneten Uferstraße von 2,3 Kilometern. Das Konzept von Les Berges ist dem des Paris-Plage abgeschaut und lockt das ganze Jahr Tausende von Parisern aus ihren oft kleinen Wohnungen.

Nachdem schon im Jahr zuvor die Rive Droite unterhalb des Hôtel de Ville geöffnet wurde, tobt nun auf der Rive Gauche – ungefähr zwischen Musée de Quai Branly und Musée d'Orsay – das Leben. Das ganze Jahr über werden hier gratis Aktivitäten angeboten. Auf Bühnen feuern Zumbalehrer Hunderte von Tanzbegeisterten mit rhythmischer Musik an. Skater ziehen ihre Bahnen, Markierungen am Boden fordern zu Hüpfspielen und Laufwettbewerben auf. Fast nirgends fehlt ein Coach. Auch an die Kinder ist gedacht: Sie bemalen lange Tafeln mit Kreide, vergnügen sich unter Wasserspielen, halten Geburtstage in kleinen Tipis ab oder lernen, wie man einen Gemüsegarten anlegt. Wem das zu viel Action ist, der macht auf Entspannung: mit einem Yoga- oder Tai-Chi-Kurs auf den Holzbohlen direkt am Ufer, in Hängematten auf Graswiesen vor in der Seine schwimmenden Gärten, in Gewächshäusern. Oder – man glaubt es kaum – in den Zzzz-Containern, in denen sich eine anderthalbstündige Siesta halten lässt. Natürlich darf in Paris auch die Kultur nicht fehlen. Eine Riesentribüne unterhalb des Musée d'Orsay mit einer in der Seine schwimmenden Bühne lädt ein zu Kinovorstellungen und Konzerten aller Art. Auch fur das leibliche Wohl ist gesorgt. Viele Leute holen sich Getränke und Snacks an den Imbissbuden und lassen das Ufer zu einer einzigen Picknickdecke werden. Essen und Trinken kann mitgebracht und an einer Tafel, an der über 160 Leute Platz finden, verspeist werden. Angelegte Restaurant- und Tanzschiffe ergänzen das Spektakel.

Der Zulauf ist so groß, dass man sich für manche Aktivitäten auf der Website www.lesberges.fr anmelden muss.

Les Berges · Pont de l'Alma, Musée d'Orsay · Métro Hôtel de Ville, RER C

Winziges Restaurant mit langer Geschichte

30

Der untere Speiseraum des À La Petite Chaise erinnert eher an ein sehr einfaches und gediegen eingerichtetes Wohnzimmer. Kaum mehr als 20 Gäste haben in dem holzgetäfelten Raum Platz. Es behauptet von sich, die älteste gastronomische Einrichtung zu sein, die sich noch in den ursprünglichen Gemäuern befindet.

Allgemein gelten das Le Procope (s. S. 50) und das Sternerestaurant La Tour d'Argent als die ältesten Lokale von Paris. Das À La Petite Chaise kennen dagegen nur sehr wenige. Der Name aus dem Altfranzösischen leitet sich übrigens vom lateinischen Wort *casa* (= Haus) ab, nicht von »Stuhl«, obwohl dieser wegen seines Gleichlautes im Emblem erscheint. Schon 1610 stand das Gebäude hier und fungierte zunächst als Weinhandlung. Die damals sehr teuren schmiedeeisernen Gitter, die heute noch existieren, waren nach königlichem Dekret Pflicht. Schon zur Anfangszeit des Lokals ging hier Philippe I von Orléans, der verschwendungssüchtige Bruder von Louis XIV, der im Palais Royal residierte, ein und aus. Lokalbesitzer war damals ein gewisser Vincent Mayon, der gleichzeitig als Sekretär des Königs sein Geld verdiente. Mayon konnte es sich dann auch erlauben, die Tochter des königlichen Stararchitekten Jules Hardouin Mansart (1646 bis 1708) zu heiraten. Weitere Aufwertung erhielt das Restaurant durch das begeisterte Lob des Star-Gastronomiekritikers Jean Anthelme Brillat-Savarin (1755 bis 1826). Der Herr hat übrigens 25 Jahre an seinem Werk *Die Physiologie des Geschmackes* gearbeitet. Aus Dank dafür hat man nach ihm einen leckeren alkoholisierten Kuchen benannt, den Savarin. Später kam die emanzipierte Dichterin George Sand mit ihrem Liebhaber Musset hier vorbei sowie eine andere *femme libre*, die dem gleichen Berufsstand angehörte, nämlich Colette (1873 bis 1954). Sehr oft soll der spätere Präsident François Mitterand während seiner Studienzeit an der Ècole libre des sciences politiques sich hier gestärkt haben. Die Küche ist natürlich wie das Lokal selbst – sehr traditionell!

À La Petite Chaise · täglich 12–14 und 19–23 Uhr · 36, Rue de Grenelle · Tel. 01 42 22 13 35
www.alapetitechaise.fr · Métro Rue du Bac

31 Lateinamerika in Pariser Eleganz gekleidet

Eine der beeindruckendsten Gartenterrassen von Paris befindet sich in der Maison de l'Amérique latine. Kaum jemand vermutet, dass sich an dieser Stelle am verkehrsumtobten Boulevard Saint-Germain hinter den Mauern dieses Stadtpalais eine Oase auftut, in der prachtvolle Natur und Luxus eine erstaunliche Vereinigung eingehen.

Diese Gegend ist voll von Botschafts- und Regierungsgebäuden, die meist in vornehmen Stadtpalais aus dem 17. Jahrhundert untergebracht sind. Ein Normalsterblicher ahnt kaum, welch prachtvolle Parks sich hinter diesen *hôtels particuliers* verstecken, da sie öffentlich meist nicht zugänglich sind und nur für repräsentative Empfänge genutzt werden. So auch im von der Maison de l'Amérique latine nur fünf Gehminuten entfernten Palais Beauharnais in der Rue de Lille, der Residenz des Deutschen Botschafters, in dem schon Bismarck als Gesandter wohnte. Die Maison de l'Amérique la-

tine besteht aus zwei Stadtpalais, die 1704 und 1712 im Erdgeschoss miteinander verbunden wurden. Erst 1946 wurde hier das Institut gegründet, um die Zusammenarbeit zwischen dem französischen Auswärtigen Amt und 20 lateinamerikanischen Ländern zu fördern. Die zu den Palais gehörigen einmaligen französischen Parkanlagen mit altem Baumbestand und akkurat geschnittenen Hecken, die von barocken Statuen aufgelockert werden, sind zu besichtigen. Dies aber nur unter zwei verschiedenen Bedingungen: Entweder man besucht eine der häufigen kulturellen Wechselausstellungen zur lateinamerikanischen Kunst oder das darin befindliche Restaurant. Seine Gartenterrasse gehört ohne Zweifel zu den eindrucksvollsten der Stadt. Eine besondere Magie offenbart sich an lauen Sommerabenden, wenn sich die Eleganz des Gebäudes mit jener der Parkanlage verbindet. Reservierung wird empfohlen, da das Restaurant mit gehobener französischer Küche aus verständlichen Gründen oft für familiäre Feiern ausgebucht ist. Wer die Kosten scheut, kann seinen Appetit aber auch in der einfach gehaltenen Bar mit südamerikanischen Spezialitäten wie argentinischem Steak oder mexikanischer Käsetortilla stillen.

La Maison de l'Amérique latine · Mo–Fr 12–15 und 19–22.30 Uhr · 217, Boulevard Saint-Germain Tel. 01 49 54 75 10 · Terrasse: Mai–Sept. · Mittagsmenü im Restaurant ab 40 Euro

Ein Juwel von einem Hotel   32

»Ich habe einen ganz einfachen Geschmack: Ich bin immer mit dem Besten zufrieden«, sagte der irische Dichter Oscar Wilde einst. Bevor der Dandy 1900 im heutigen L'Hotel, dem damaligen Hôtel d'Alsace im Alter von 46 Jahren starb, sollen seine letzten Worte gewesen sein: »Entweder geht diese hässliche Tapete oder ich«. Die Tapete in seinem damaligen Zimmer, der heutigen Nr. 16, ist alles andere als hässlich, sondern ähnelt eher der eines vornehmen englischen Herrenclubs. Auch wenn nicht jedermann es sich leisten kann, wie Mick Jagger oder Johnny Depp hier abzusteigen, ein Teatime-Besuch ist immer drin.

L'Hotel · 13, Rue des Beaux-Arts · Tel. 01 44 41 99 01 · www.l-hotel.com
Métro Saint-Germain-des-Prés

Graffiti von Gefolterten im Jazzkeller   33

»Je seroi pendu« (= Ich werde gehängt) und »Mort à Marat« (= Tod für Marat) ist in ungelenken, aber klaren Lettern auf der alten Gewölbemauer des Jazzkellers Caveau des Oubliettes eingeritzt. Gefolterte haben sich hier in Verzweiflung gegen den Revolutionär Jean Paul Marat (1743 bis 1793) verewigt. Es muss noch vor dem Tod Marats gewesen sein, ein Ereignis, das durch das berühmte Gemälde des Malers Jacques Louis David 1793 in die Kunstgeschichte einging. Die Originalbadewanne, in der Marat erdolcht wurde, ist übrigens noch im Wachsfigurenmuseum Grévin (10, Boulevard Montmartre) zu besichtigen. Schon eine eigenartige Vorstellung, modernen Jazzklängen in ehemaligen Gefängniszellen zu lauschen.

Le Caveau des Oubliettes · täglich 17–4 Uhr · 52, Rue Galande · Tel. 01 46 34 23
www.caveaudesoubliettes.com · Métro Saint-Michel

34 Seinefahrt mit einem Kalifen

An angestrahlten Prachtbauten, wie Louvre, Notre-Dame und Musée d'Orsay, sowie an dem stündlich blinkenden Eiffelturm vom Wasser aus vorüberzugleiten und dabei ein Drei-Gänge-Menü zu genießen, gehört ohne Zweifel zu den Highlights einer Parisreise. Zu einem ganz besonderen Erlebnis wird es, wenn man mit dem »Calife« fährt.

Es gibt unzählige *croisières*, sogenannte Kreuzfahrten auf der Seine, auf denen man sich zum Teil im Pulk mit über 600 Passagieren von aufgeregten Lautsprechern in englischer und französische Sprache zudröhnen lassen kann. Mit Romantik hat das nichts zu tun. Ganz anders verhält es sich beim Schiff Calife, das unter dem Pont des Arts gleich gegenüber dem Louvre liegt. Selbst ohne Dinnerfahrt ist das Schiff eine Besichtigung wert. Sein Besitzer, ein Musiker, Mechaniker und Restaurateur, hat diesen ehemaligen Frachter von 1939 mit enormer Leidenschaft und in mühseligster Kleinarbeit in über 75 000 Arbeitsstunden innerhalb von 18 Jahren zu einem wahren Schmuckstück gemacht. Für Nicolas Gailledrat müssen die Höhen und Tiefen, die er mit der Erfüllung seines Lebenstraumes mitgemacht hat, wohl vergleichbar sein mit dem Aufwand, den manch einer mit der Erziehung seines eigenen Kindes auf sich nimmt. Diese persönliche Note ist sofort spürbar, wenn man das nur 39 Meter lange Schiff betritt, das durch seine Galionsfigur in Form eines Kalifen auffällt. Der große, altmodische Wintergarten lässt sich im Sommer komplett öffnen. Im Musiksalon steht ein Steinway von 1879. Das Parkett, auf dem er steht, ist schon etwas älter und stammt aus einem abgerissenen Pariser Stadtpalais aus dem 18. Jahrhundert. Die 22 Bullaugen sind dem Wrack eines italienischen Ozeandampfers entnommen, und die Fenster hinter der Bar waren einst in zwei Busse eingesetzt. Dazwischen findet sich orientalisches Dekor, wie eine über alles thronende alte Buddhafigur, sowie afrikanische Percussion- und indische Saiteninstrumente. Letztere kommen zu spontanen oder geplanten Jazz-Sessions mit dem Hausherrn auch zum Einsatz.

Le Calife · täglich 19.45–24 Uhr · 3, Quai Malaquais · Dinnerfahrten: Abendessen mit Fahrt 67 bzw. 108 Euro · Dauer 21–23 Uhr · Tel. 01 43 54 50 04 · www.calife.com · Métro Louvre – Rivoli

Atelierbesichtigung an malerischem Stadtplatz

Es hat etwas Lauschiges, am kleinen idyllischen Stadtplatz Place de Furstenberg über einen alten Hof das Atelier und den privaten Wohnort des großen Romantikers Eugène Delacroix (1798 bis 1863) zu besuchen. Vom Garten des Künstlers aus kann man sich den Maler bei seiner Arbeit vorstellen.

Fast jeder kennt Delacroix aus der typischen Illustration deutscher Geschichtsbücher, welche die Französische Revolution behandeln. Das Bild *Die Freiheit führt das Volk* zeigt eine am Oberkörper entblößte Frau, die die französische Flagge schwingend über die Trümmer der Revolution (allerdings der von 1830) eilt. Mit dem Bild hat der Maler große Anerkennung erlangt, und wichtige Auftragsarbeiten der Stadt Paris wurden ihm anvertraut. Als er gebeten wurde, drei Wandgemälde für die Kirche Saint Sulpice zu schaffen, ist er 1857 eigens in dieses Atelier umgezogen. Die Tatsache, dass es nur fünf Minuten zu Fuß entfernt lag, verschaffte dem damals schon kränkelnden Maler, der den Ehrgeiz hatte, sein großes Werk noch zu vollenden, eine große Erleichterung. Es ist deshalb eine sinnvolle und wenig zeitaufwendige Ergänzung, das rund sieben mal fünf Meter große Gemälde *Jakobs Kampf mit dem Engel* in der benachbarten Kirche zu besichtigen.

In seinem Atelier, das er wegen des Gartens sehr liebte, sind dagegen eher kleinere Gemälde und dafür viele Zeichnungen und Grafiken ausgestellt. Auch zeugen die Grafiken zu Stücken Shakespeares davon, dass er großer Anhänger des englischen Dichters war. Einzelne Möbelstücke wie auch persönliche Briefe geben Einblick in die Privatsphäre des Künstlers. Es ist ein schöner Abschluss der Besichtigung, auf einer Bank im Garten des Malers über dessen Leben zu sinnieren, bevor man den Ort über einen gepflasterten Hof zur Place de Furstenberg, der eigentlich eine Straße mit Kreisverkehr ist, wieder verlässt. Es verwundert nicht, dass dieser Platz mit seinen Blauglockenbäumen eine beliebte Filmkulisse ist.

Musée Delacroix · Mi–Mo 9. 30–17 Uhr · 6, Rue de Furstenberg · Tel. 01 44 41 86 50
Métro Saint-Germain-des-Près

36 Eine der wichtigsten Reliquien der Christenheit

Eigenartigerweise wissen die wenigsten Pariser, dass sich in ihrer Stadt die zweitwichtigste Reliquie der Christenheit befindet, die Dornenkrone Christi. Auch wenn es keinen endgültigen Beweis der Authentizität gibt, hatte diese Tatsache doch eine unermessliche Auswirkung auf die Bedeutung von Paris.

Nach dem Grabtuch von Turin gilt die Dornenkrone als zweitwichtigstes Verehrungsobjekt der Christenheit. Sicherlich – die Zeiten der Reliquiensammler, wie der Heilige Louis IX es noch war, sind längst vorbei. Trotzdem springt die künstlerische Darstellung der Dornenkrone im Stadtbild immer wieder ins Auge. Ob es sich nun um die linke Reiterfigur von Sacré Cœur oder um den nördlichen Treppenturm der Sainte-Chapelle handelt, sie muss für Paris wichtig gewesen sein. Nach dem Heiligen Ludwig hat man auch die Seine-Insel Saint-Louis benannt. Schließlich hat er das Dornengeflecht, das die Soldaten des Pilatus Jesus zur Demütigung brutal aufs Haupt gesetzt haben, für die Stadt Paris erworben. Urkundlich wird die Dornenkrone erstmals im Jahre 409 erwähnt, nachdem sie von Jerusalem nach Konstantinopel gelangt war. Als der Herrscher von dort in Geldnöten steckte, kaufte ihm Louis IX 1239 den Dornenkranz zusammen mit einem Kreuzsplitter und einem Nagel ab. Der fromme Louis XIV trug sie nicht nur barfuß und im Büßerhemd in die Stadt, sondern baute eigens für sie einen Reliquienschrein, der seinesgleichen sucht: die Sainte-Chapelle. Die hochgotische Königskirche, die in kürzester Zeit 1248 fertiggestellt wurde, gehört noch heute zu den Höhepunkten eines Parisbesuches. Das ganze Mittelalter hindurch öffnete der König nur an Ostern den Schrein und zeigte die Reliquie dem Volk. Nach der Revolution hat man die Reliquien den Domherren von Notre-Dame anvertraut. Es ist bewegend zu sehen, wie jeden 1. Freitag im Monat und jeden Karfreitag eine feierliche Verehrung der Krone, die halb in Gold gefasst und halb mit Plexiglas geschützt ist, in Notre-Dame stattfindet.

Notre-Dame du Paris · jeden 1. Freitag im Monat 15–16 Uhr und jeden Karfreitag 10–17 Uhr
Tel. 01 42 34 56 10 · www.notredamedeparis.fr · Métro Cité

Rilkes Karussell dreht sich noch immer

An wichtigen Plätzen von Paris, wie am Fuße von Sacré Cœur oder des Eiffelturms, gibt es so manches prunkvolle Karussell, das der Umgebung einen Schuss Nostalgie verleiht. Eines von einfacherer Art, aber immerhin vom Erbauer der alten Oper konstruiert, steht im Jardin du Luxembourg.

Das Karussell, eines der bekanntesten deutschen Gedichte, trägt den Untertitel *Jardin du Luxembourg* (1906). Und tatsächlich steht dort noch im südwestlichen Teil des beliebten Stadtparks dasselbe Karussell, das Rilke in seinem Dinggedicht beschrieben hat. Es ist 1879 von Charles Garnier konstruiert worden und wirkt nicht im Geringsten so protzig wie die von ihm entworfene Opéra Garnier. Aufgrund seines Alters ist der Lack der einzelnen Tiere etwas abgeblättert. Der weiße Elefant, der im Refrain »und dann und wann ein weißer Elefant« auftaucht, ist laut Betreiber leider abmontiert worden. Das Gedicht verklärt in poetischer Weise die Welt der Kindheit mit ihrem selbstvergessenen Spiel und beschreibt den Rhythmus des sich ewig weiterdrehenden Karussells. Wie zu Rilkes Zeit reiten noch heute Kinder mit leuchtenden Augen auf den an Stangen aufgehängten Pferden. Nur dass die Erwachsenen heute auf den Holzbänken um das Karussell mit ihren Fotohandys in Bereitschaftsstellung sind, ihre Sprösslinge aufzunehmen. Zur Abwechslung lassen sie wie vor hundert Jahren im benachbarten Brunnen kleine Boote fahren. Hightech ist nicht nötig. Der Dichter hielt sich damals zwischen 1902 und 1914 immer wieder in Paris auf und schrieb nicht nur an einer Biographie des berühmten Bildhauers Auguste Rodin (1840 bis 1917), sondern war auch dessen Privatsekretär. Er hatte wohl daneben noch genügend Zeit, die Stadt auf sich wirken zu lassen. Wer also mit den Gedichten in der Hand weiter auf Rilkes Spuren wandeln möchte, sollte unbedingt noch einen anderen schönen Stadtpark, den Jardin des Plantes aufsuchen. In dem kleinen Zoo dort hat der Dichter das ebenso bekannte Gedicht *Der Panther* im Jahre 1902 verfasst.

Karussell im Jardin du Luxembourg · täglich 7.30–8.15 und 16.30–21.30 Uhr
RER 2 Luxembourg

38 Liebe im Mittelalter

Was für die Engländer Shakespeares »Romeo und Julia« bedeutet, ist für die Franzosen die tragische Liebesgeschichte zwischen Heloise und Abaelard. Ihr berühmter poetisch-hochliterarischer Briefwechsel hat Maler, Dichter und Musiker späterer Jahrhunderte gleichermaßen inspiriert.

Peter Abaelard (1079 bis 1142) galt als einer der bedeutendsten Theologen und Philosophen mit internationaler Reputation. Es trug sich zu, dass im Jahr 1117 der Domkapitular Fulbert seine verwaiste Nichte Heloise zu sich nahm. Das Mädchen war nicht nur schön, sondern außergewöhnlich intelligent. Um ihre Bildung zu vervollständigen, ließ der stolze Onkel den Professor Privatstunden bei seiner Nichte erteilen. Vom ersten Moment entwickelte sich eine leidenschaftliche Beziehung zwischen der Studentin und ihrem fast 20 Jahre älteren Lehrer, die bald schon eine Schwangerschaft nach sich zog. Das Kind wurde bei Verwandten in der Bretagne geboren und aufgenommen und Abaelard wollte seine Geliebte heiraten. Da sie dessen Ruf aber nicht schädigen wollte, lehnte sie zunächst ab, willigte letztlich unter der Bedingung der Geheimhaltung doch ein. Der Onkel war mehr als erzürnt darüber und setzte ihr so zu, dass der Professor seine Frau zu ihrem Schutz in das Kloster von Argenteuil brachte. Noch mehr war Fulbert aber wütend über Abaelard, den er sich selbst ins Hause (Quai aux Fleurs Nr. 11) geholt hatte. In einer Nacht- und Nebelaktion schickte er deshalb Männer, die den Theologen brutal entmannten. Abaelard ging darauf als Mönch in das Kloster Saint-Denis. Beide übernahmen bald die Leitung der jeweiligen Klöster und begegneten sich auf beruflichem Feld. Ab diesem Zeitpunkt entstand der berühmte Briefwechsel, der die ehemals sinnliche Liebe auf eine geistige Ebene erhebt. Abaelard starb 20 Jahre vor seiner Frau und nach verschiedenen Umbettungen im Zuge der Diskussion, ob Mönch und Nonne in einem Grab liegen dürfen, sehen sie jetzt friedlich vereint in ihrem Grab auf dem Friedhof Père Lachaise der Ewigkeit entgegen.

Grabmal von Heloise und Abaelard, Friedhof Père Lachaise · Mo–Fr 8—17.30 Uhr, Sa 9–17.30 Uhr, So 9–18 Uhr · 16, Rue du Repos · Lageplan am Eingang · Métro Phillipe-Auguste

Ein Ort für Heiratsanträge

Nicht der Eiffelturm, sondern der Medici-Brunnen im Jardin du Luxembourg soll der beliebteste Ort in Paris sein, um seiner Angebeteten die ewige Liebe zu gestehen. Das wundert nicht, die von Platanen umgebene Grotte war schon seit Jahrhunderten Treffpunkt berühmter Liebespaare wie George Sand und Frédéric Chopin.

Ganz im Westen des eleganten Jardin du Luxembourg liegt etwas versteckt die idyllische Brunnenanlage der Fontaine des Medicis. Am Ende eines der Wasserbassins, in dem sich die herabgefallenen Blätter der darüberhängenden Zweige sammeln, steht das Skulpturenensemble von Auguste Ottin, das als eines der schönsten von Paris gilt. Es erzählt Ovids mythologische Liebesgeschichte zwischen der Nymphe Galateia und dem Hirten Akis. Der eifersüchtige Zyklop Polyphem aber erschlägt den jungen Liebhaber der Nymphe, und das Blut des Hirten verwandelt sich in einen Fluss. In der Skulptur wird der Moment dargestellt, als der mächtige Zyklop das einander in den Armen liegende Liebespaar überrascht. Die Grotte wurde schon 1630 von Maria de' Medici, der Witwe von Henri IV und der Mutter von Louis XIII, in Auftrag gegeben.

Sie ließ sich den Palais du Luxembourg nach dem Vorbild ihrer italienischen Heimat bauen. Heute tagt hier nicht nur der Senat, sondern es finden im Palast interessante Wechselausstellungen statt.

Es bietet sich an, nach der Ausstellung den Park im Stile der italienischen Renaissance aufzusuchen. Aufgrund der heiteren südlichen Ausstrahlung des wohl beliebtesten Stadtparks kann man den mediterranen Einfluss gut nachvollziehen. Schließlich hatte Maria de' Medici bei seiner Anlage die Boboli-Gärten in Florenz im Kopf. Ihr erklärtes Ziel war es, der strengen und unwirtlichen Atmosphäre des Louvre, der damals noch Königssitz war, zu entfliehen. Auch wenn man gerade nicht in der Stimmung zu Liebesbekundungen ist, lässt es sich auf den berühmten metallenen Stühlen des Jardin du Luxembourg bestens sitzen.

Jardin du Luxembourg · je nach Saison geöffnet ab 7.30–8.15 Uhr bis 16.30–21.30 Uhr
Boulevard Saint Michel · RER Luxembourg

Teufelswerk an Notre-Dame

Eine derart großartige Kathedrale wie Notre-Dame de Paris in der Zeit zwischen 1163 und 1300 ohne moderne Baumaschinen hochzuziehen, scheint heute kaum erklärbar. Ähnlich verblüfft war man damals über die filigranen Kunstschmiedearbeiten am Eingangstor, die man nur als Teufelswerk auslegen konnte.

Wahrscheinlich setzte die mittelalterliche Frömmigkeit enorme Energien frei. Und ebenso groß wie die Gläubigkeit war auch die Angst vor dem Teufel. Vom Vorplatz von Notre-Dame aus mit Blick auf die Westfassade befindet sich rechts das Marientor mit der Grablegung der Mutter Gottes, in der Mitte die Darstellung des Jüngsten Gerichts und links das Annaportal. Bei der Heiligen Anna handelt es sich um die Mutter Mariens, die im Mittelalter sehr verehrt wurde. An den noch etwas ungelenken romanischen Figuren darauf lässt sich erkennen, dass es das älteste der drei

Tore ist. Nach einer über viele Jahrhunderte überlieferten Legende wurde ein Kunstschmied namens Biscornet beauftragt, das hölzerne Annaportal mit einer dekorativen Schmiedearbeit zu versehen. Da sich der gute Handwerker von dieser wichtigen Aufgabe überfordert fühlte, rief er in seiner Verzweiflung den Teufel zu Hilfe. Dieser schloss mit dem Kunstschmied einen Pakt, um als Entlohnung seine Seele zu erhalten. Der Überforderte willigte mit einem blutigen Daumenabdruck ein. In kürzester Zeit hatte der Leibhaftige eine Schmiedearbeit geschaffen, in der allerfeinste Blumen und Blätter sich in großer Leichtigkeit umeinander ranken. Kurz nach Abschluss der Arbeit soll Biscornet einem Herzinfarkt erlegen sein. Noch heute zerbrechen sich die Experten die Köpfe, wie eine solch filigrane Arbeit damals wohl möglich war. Was die Legende betrifft, ist es bezeichnend, dass der Name des Handwerkers, »Biscornet«, mit der »Zweihörnige« übersetzt werden kann und somit für den Teufel steht. Auch hatte für den Menschen des Mittelalters die Arbeit des Schmieds mit der Hölle zu tun, da in beiden Fällen das Feuer als Element vorherrscht. Übrigens handelt es sich bei dem Kunstwerk um eine Nachbildung aus dem 19. Jahrhundert, da das Original während der Französischen Revolution zerstört wurde.

Cathédrale Notre-Dame de Paris · linkes Portal · Métro Cité

41 Modernes Design trifft auf Historisches

Um Design zu verkaufen, ist die Kreativität hinsichtlich der Schaufensterdekoration oft unerschöpflich. Passiert man den schicken Möbelladen Flamant, dann fällt zwischen den Designer-Artikeln ein Stück Gemäuer auf. Es ist ein Übrigbleibsel einer Marienkapelle aus dem 13. Jahrhundert.

Die Kirche Saint-Germain-des-Prés aus dem 12. Jahrhundert ist eine der ältesten von Paris. Schon im 8. Jahrhundert gehörte die damals dort befindliche Benediktinerabtei, die nach dem Heiligen Germanus (496 bis 576), einem Pariser Bischof, benannt ist und damals noch auf einer Wiese (*prés*) stand, zu den mächtigsten von Frankreich. In dieser relativ dunklen, anheimelnden Klosterkirche finden sich nicht nur die Überbleibsel des Namensgebers der Kirche, sondern auch die des Philosophen René Descartes (1596 bis 1650). Zu der mehr als tausendjährigen Klosteranlage gehörte auch die Grande Chapelle de la Vierge (Marienkirche) von Pierre de Montreuil (1200 bis 1267). Diese 32 Meter lange und 15 Meter hohe lichtdurchflutete Kapelle muss damals ein wahres Meisterwerk gewesen sein. Man kennt den Erbauer, obwohl in dieser Zeit die Kirchenbaumeister kaum namentlich bekannt waren. Man nimmt an, dass Montreuil auch für den Bau der berühmten Sainte-Chapelle (1235 bis 1248) verantwortlich war, in der lange Zeit eine der wichtigsten Reliquien des Abendlandes aufbewahrt wurde (siehe Kapitel 36, S. 68).

Im Zuge der Französischen Revolution wurde 1789 die Abtei aufgelöst und in der ehemals äußerst wertvollen Bibliothek eine Salpeterraffinerie eingerichtet. Man hat mit diesem chemischen Stoff vor allem auch Schießpulver für kriegerische Zwecke hergestellt, das im Nachbargebäude, der Chapelle de la Vierge, die zwei Jahre vorher zum Gefängnis umfunktioniert worden war, lagerte. Durch einen Zufall kam es 1794 zu einer Explosion im gefährlichen Lager, was das Kleinod des Flamboyantstil – bis auf den Rest im heutigen Möbelladen – völlig zerstörte.

Flamant, belgische Designkette · Mo–Sa 10.30–19.00 Uhr · 8, Rue de l'Abbaye
Métro Saint-Germain-des-Prés

Ihm stand das Wasser bis zum Halse

Am Pfeiler des rechten Ufers des Pont d'Alma steht kein Brückenheiliger, sondern ein steinerner Zuave, ein seit dem Krimkrieg von Frankreich rekrutierter Söldner in orientalischer Uniform. Die Pariser betrachten ihn als eine Art Maskottchen der Seine und benutzen ihn als Wasserstandsanzeiger.

Der Sieg bei Alma in diesem Krieg war diesen mutigen Soldaten aus Nordafrika zu verdanken. Daher auch der Name der Brücke, unter der die Figur steht. Immer, wenn das Wasser der Seine steigt, sprechen die Pariser von ihrem Zuave. Beim Jahrhunderthochwasser stieg der Wasserstand über 8,60 Meter an und bedeckte gar die Schultern des Soldaten. Durch die nun höhere Lage der Statue kann dies aber kaum noch passieren. Die Anhebung erfolgte im Rahmen einer notwendigen Verbreiterung der Brücke zwischen 1970 und 1974. Zu dieser Zeit wurden auch die drei anderen Zuaven, welche die ursprüngliche Brücke von 1856 schmückten, demontiert und an verschiedenen Orten in Frankreich aufgestellt. Doch schon bei der Überschwemmung von 1980 reichte der Wasserstand mit 4,30 Meter an die Oberschenkel des Soldaten. Meistens setzt der *alerte* (= Alarm) schon bei der Bedeckung des Sockels ein, und sobald der Fuß der Statue bedeckt ist, darf kein Schiff mehr die Seine passieren. Der offizielle Wasserstandmesser befindet sich zwar schon längst auf der Insel Saint-Louis, aber die Pariser lieben ihren Zuaven so, dass sie ihn in dieser Hinsicht immer noch als die diesbezügliche Autorität anerkennen. Dies zeigt sich auch in zahlreichen volkstümlichen Liedern, in denen ihr Zuave besungen wird. Am bekanntesten ist der Chanson *Le Zuave du Pont de l'Alma* von Serge Reggiani. 1944 plante Hitler die Brücken der Seine zu sprengen und damit Paris zu überfluten. Glücklicherweise ist dies nicht geschehen, und der Spruch im Stadtwappen, das ein Schiff auf der Seine zeigt, *fluctat nec mergitur* (= Sie schwankt, aber sie geht nicht unter) gilt noch heute. Damals wie heute gilt die Seine als Lebensader der Stadt.

Zuave · Pont d'Alma, Ecke Cours Albert 1er · Métro Alma – Marceau

43 Wie die Zeit vergeht …

…und sie vergeht schnell in Paris. Man kann sich fragen, wie das wohl war, als Karl V. 1370 die erste öffentliche Uhr an der Tour d'Horloge (= Turm der Stadtuhr) der Conciergerie anbringen ließ. Auch damals hatte man schon das Ziel, Geschäfte besser zu regeln.

Die Conciergerie auf der Île da la Cité, auf der sich einst der erste Königssitz befand, war der Sitz des »königlichen Hausmeisters«, der den König im Falle von Abwesenheit vertrat. Noch heute stechen ihre vier mittelalterlichen Türme an der Seine aus dem Stadtbild hervor. Zur Zeit der Französischen Revolution diente sie als Staatsgefängnis, in dem man bis zu 1200 Gefangene hielt, die kurz danach an der heutigen Place de la Concorde exekutiert wurden. Eine der berühmtesten Gefangenen war Marie-Antoinette, deren Zelle noch zu besichtigen ist. Der Uhrturm galt zunächst

als Wachturm und hatte deshalb sogar Oberlicht. Der Lothringer Uhrmacher Henri de Vic hat die Uhr, die später mit Ziffernblatt und einer silbernen Glocke versehen wurde, hergestellt. 1585 wurde ein neues Ziffernblatt mit einer schönen Rahmung des bekannten, französischen Renaissance-Bildhauers Germain Pilon (1528 bis 1590) hergestellt. Die Figuren sind Allegorien auf das Gesetz und die Gerechtigkeit, wie es auch in der darunterstehenden lateinischen Inschrift zu lesen ist. Der leuchtend blaue Hintergrund mit den goldenen Lilien lässt die Uhr mit anderthalb Metern Durchmesser schon von weitem strahlen, denn das wertvolle Stück ist erst 2012 frisch renoviert worden. Eine Kuriosität hinsichtlich der Information der Pariser Bevölkerung zur Tageszeit stellt auch die kleine Kanone von 1786 dar, die im südlichen Gartenteil des Palais Royal steht. Dabei entzündeten auf eine Lupe fallende Sonnenstrahlen Schießpulver, das zur Mittagszeit einen Salutschuss abgab. Damit wurden die Pariser Geschäftsleute dazu aufgerufen, ihre Uhren synchron zu stellen. Darunter steht in lateinischer Sprache: »Ich zähle nur die glücklichen Stunden«.

L'Horologe: Kreuzung von Quai de Horologe und Brücke Pont de Change
Métro Cité

44 Auf Spuren der Römer

Es gibt noch einige Spuren des antiken Lutetia, dem römischen Paris. Mancher Parisbesucher stolpert ahnungslos darüber, ohne sie überhaupt zu bemerken. So auch über einen Teil der ehemaligen römischen Stadtmauer in der Rue de la Colombe Nr. 6 auf der Île de la Cité. Das sind jedoch nicht die einzigen Hinweise.

Das Herz von Paris ist immer noch die Insel Île de la Cité. Hier haben sich im 3. Jahrhundert v. Chr. die Parisii, ein keltischer Volksstamm, niedergelassen, und hier haben die Römer die Gallier besiegt. Die um die Insel fließende Seine stellte eine natürliche Stadtmauer dar. Von hier aus ist die Stadt auch zunächst Richtung linkes Seineufer gewachsen. Die verbliebenen Ruinen der römischen Thermen am mittelalterlichen Museum Musée Cluny sowie eine römische Arena Lutèce (74, Rue Monge, Métro Cardinal Lemoine) beweisen dies. Als um 280 n. Chr. die Barbaren einfallen, sehen sich die Römer gezwungen, zusätzlich zu der natürlichen Stadtmauer noch eine steinerne zu bauen, um sich zu schützen. Sie ziehen sich auf die verbleibenden acht Hektar Insel zurück und ziehen eiligst einen Mauerring darum. Bei Straßenarbeiten ist man erst 1898 unweit von Notre-Dame auf diese niedriger gelegene Stadtmauer gestoßen. Ein Hinweisschild auf der Hausnummer 6 in der Rue de la Colombe sowie ein Musterwechsel im Pflaster geben Verlauf und Dicke der Mauer an. Diese befindet sich in relativ großer Entfernung zum Inselufer, was daran liegt, dass die Inseln mit der Zeit durch Aufschüttungen verbreitert wurden. Wer jetzt neugierig geworden ist auf die Römerzeit in Paris, geht am besten fünf Minuten zurück zum Vorplatz (Parvis) von Notre-Dame und steigt gegenüber der Westfassade die Treppe hinunter zur sogenannten Crypte archéologique. Hier wurden auf einer Länge von über 100 Metern noch weitere Teile der römischen Stadtmauer sowie Ruinen von Kellern und Straßenzügen ausgegraben. Die Ausstellung ist mittels interaktiven Medien fantastisch aufbereitet und so auch für Jugendliche attraktiv.

Crypte Archéologique du Parvis de Notre-Dame · Di–So 10–18 Uhr · 6, Rue de la Colombe 7, Place Jean-Paul II · Tel. 01 55 42 50 10 · www.crypte.paris.fr · Métro Cité

Buddha in der Tiefgarage

Aus dem grauen Beton der Tiefgarage der über hundert Meter hohen Hochhaustürme strömt der würzige Duft von Räucherstäbchen, und rote chinesische Lampions leuchten hervor. So unwirklich es klingt, dahinter verbirgt sich tatsächlich ein veritabler buddistischer Tempel mitten im Herzen des größten Areals von Chinatown Paris.

An die 200 000 Asiaten leben in Paris. Ein nicht unwesentlicher Teil kommt aus Vietnam, wo die Menschen in den 70er-Jahren vor dem Krieg geflohen sind. Um sie alle zu beherbergen, hat man hohe Betonklötze hochgezogen. Auch wenn die Pariser Chinatown deshalb nicht so pittoresk wie die in London ist, taucht der Besucher in diesem Viertel zwischen Place d'Italy und Porte de Choisy in eine andere Welt. Günstige Restaurants mit chinesischer, thailändischer oder vietnamesischer Küche reihen sich aneinander. Oft hängt die berühmte »lackierte Ente« in den Schaufenstern. Dazwischen gibt es unzählige Läden mit Haushaltswaren für die asiatische Küche, überbordende, teils mit viel Nippes angefüllte Dekorationsläden und natürlich exotische Lebensmittel.

Direkt gegenüber des größten chinesischen Supermarkts in Europa, dem Tang Frères, erheben sich die Olympiades, und ziemlich versteckt nach der Einfahrt in die Tiefgarage und hinter den Mülltonnen fast nicht zu sehen, befindet sich der Eingang des etwa 200 Quadratmeter messenden Temple de l'Amicale des Teochew. Die vornehmlich aus der Provinz Guangdong kommenden Teochew haben ihn 1986 hier eingerichtet. Die Gemeinschaft hat es sich zum Ziel gesetzt, die Integration in Frankreich zu fördern und gleichzeitig die kulturelle Identität zu wahren. Dezente exotische Hintergrundklänge wahren die meditative Atmosphäre. Golden glänzende Buddhas werden an verschiedenen Altären mit Spenden aus Blumen, Früchten, Räucherwerk überladen, ja sogar mit Dollarscheinen. Die Fürbitten hinsichtlich letzterer Spenden sind anscheinend erhört worden, denn die Geschäfte der Chinesen in Paris florieren.

Le Temple de l'Amicale des Teochew · täglich 9–18 Uhr · 44, Avenue d'Ivry · Métro Porte d'Ivry

46 Schokolade für Marie-Antoinette

Um der Königin Marie-Antoinette bittere Medizin zu versüßen, hat man diese unter Schokolade gemischt und zum ersten Mal in der Geschichte der Schokolade fest werden lassen. Die Lieblingsnascherei der Königin, die Pistoles de la Reine, hat ihr persönlicher Apotheker Sulpice Debauve erfunden.

Vor etwas mehr als 200 Jahren war Schokolade nur dem Adel vorbehalten und ausschließlich beim Apotheker zu haben, da man ihr therapeutische und aphrotisierende Wirkungen nachsagte.

Nicht weit von Marie-Antoinettes Lieblingsresidenz St. Cloud beklagte sich die junge Marie-Antoinette im Juni 1779 bei ihrem Hofapotheker, dass ihr die tägliche Medizin zu bitter schmecke und sie sich so sehr nach der heißen Schokolade ihrer Kindheit am Wiener Hof zurücksehne. Der Apotheker war einfallsreich und mischte das medizinische Pulver unter Schokolade ohne Wasser und Milch. Die feste Schokolade war entstanden, und die Königin ließ sich ihre Pistoles genüsslich im Mund zergehen. Bald reichte die Königin diese auch ihren Freundinnen zum Tee. Man fühlt sich dabei unwillkürlich an den 2006 erschienenen Film *Marie-Antoinette* von Sophia Coppola erinnert, in dem die Genusssucht mit pastellfarbenen Schühchen und Naschereien in der gleichen Farbe unterstrichen wird und im Song *I want candy* auf die Spitze getrieben wird. Der Erfolg der festen Schokolade war so groß, dass Sulpice Debauve mit seinem Neffen Antoine Gallois in der Nähe der Kirche Saint-Germain-des-Prés eine Schokoladenmanufaktur gründete und diese in ihren Geschäften Debauve & Gallois vertreiben ließ. Die Geschäfte gibt es noch immer, und die Pistoles de Marie-Antoinette sind dort auch noch – natürlich frisch hergestellt – zu erwerben. Wer sich gerne noch vertieft mit der Geschichte der Schokolade beschäftigen möchte oder gar an einem Workshop teilnehmen möchte, kann dem Musée du Chocolat in der 28, Boulevard de Bonne Nouvelle einen Besuch abstatten (www.museeduchocolat.fr).

Debauve & Gallais · 9–19 Uhr · 33, Rue Vivienne · Tel. 01 40 39 05 50 · www.debauve-et-gallais.fr
Métro Bourse · Weitere Filiale: 30, Rue Saints-Pères, Métro Rue du Bac

Der älteste Baum von Paris

Geschichtsträchtigkeit verfolgt einen in Paris auf Schritt und Tritt. Selbst wenn es sich um einen Baum handelt, den wahrscheinlich ältesten der Stadt. Mit seinen über 400 Jahren ist er zwar nur halb so alt wie die ihm gegenüberliegende Kathedrale Notre-Dame, könnte aber so einiges seit seinen Anfängen zur Zeit von Henri IV erzählen.

Als der Hofgärtner des legendären Königs Henri IV, Jean Robin, den Baum 1601 pflanzte, dachte er wahrscheinlich nicht im Traum daran, dass dieser heute noch stehen würde. Die »Falsche Akazie«, die man aus Amerika einführte, war damals eine Neuheit. So beehrte der Gärtner, der solche Pflanzen auch im Jardin des Plantes anpflanzte, den Baum mit seinem Namen und verewigte sich somit. Die altersschwache Robinie muss heute mit einem Betonpfeiler gestützt werden. Nichtsdestotrotz wuchert üppiges Grün an ihren über 11 Meter hohen Ästen. Der Baum steht in dem winzigen Park Square René-Viviani-Montebello am linken Seineufer mit Paradeblick auf Notre-Dame. Am Rande dieses Parks, nur wenige Meter vom Baum entfernt, findet sich bezüglich Altersrekorde noch ein weiterer Superlativ: die kleine, jetzt griechisch-orthodoxe Kirche Saint Julien Le Pauvre, deren Ursprünge auf das 6. Jahrhundert zurückgehen. Sie liegt an der Kreuzung zweier ursprünglich römischer Straßen, Saint-Jacques, die ein Teil des Jakobswegs war, und der Rue Galande. Im Mittelalter haben sich dort die Rektoren der benachbarten Sorbonne getroffen. Später, zur Zeit der Französischen Revolution, diente die Kirche gar als Salzlager. Jetzt kann man in dieser Kapelle die goldene Pracht einer typisch russisch-orthodoxen Kirche bewundern. Am besten während eines der häufigen klassischen Konzerte (die Ankündigungsplakate sind an der Außenmauer angeschlagen), die dort stattfinden. Die vielen Ikonen und goldenen Kandelaber geben den Konzerten einen besonderen mystischen Eindruck. Anschließend lässt es sich abends gut durch die sehr lebhaften Gassen des angrenzenden Quartier Latin bummeln. Die Gegenwart hat einen wieder.

Square René-Viviani-Montebello · Métro Saint Michel - Notre-Dame

Von der Seine umarmt

Kaum woanders fühlt sich der Besucher so sehr inmitten des Herzens von Paris wie im kleinen Park Square du Vert Galant, der in seiner Tropfenform den Eindruck eines Schiffsbuges erweckt. Die Besucher genießen noch heute den freien Blick auf den Louvre, den Henri IV schon 1607 gefordert hatte.

Paris ist von seinen Inseln aus gewachsen, womit die Seine als eine erste »natürliche Stadtmauer« bezeichnet werden kann. Lange Zeit bestand die Île de la Cité aus drei Inseln, die zum Zwecke der Errichtung des Pont Neuf 1607 zusammengefügt wurden. Der Pont Neuf wiederum sollte den Louvre und die wichtige Abtei Saint-Germain-des-Prés miteinander verbinden. Über dreißig Jahre hat man an dieser ältesten steinernen Brücke gebaut. Der kleine Park Square du Vert Galant liegt etwa sieben Meter unter der heutigen Bebauung, was dem Niveau zur Zeit der römischen Besiedlung entspricht. Als *vert galant* bezeichnet man einen älteren Herren, der in Liebesdingen noch recht aktiv ist. Dies ist wiederum eine Anspielung auf Henri IV, dessen bronzene Reiterstatue majestätisch auf der Brücke thront. Die Köpfe von Reiter und Pferd sind in Richtung des wunderschönen dreieckigen Platzes Place Dauphine (= Thronfolger) gerichtet, der nach dem langersehnten Thronfolger von Henri IV, Ludwig XIII, benannt ist. Viele Händler waren damals unzufrieden damit, dass der König nicht erlaubte, die Brücke zu bebauen, wie es bei den schon existierenden hölzernen Brücken der Fall war. Henri aber wollte den freien Blick auf sein Königsschloss, den heutigen Louvre. Auch gab es hier zum ersten Mal eine Trennung zwischen Trottoir für Fußgänger und Kutschenweg. Auch damals gab es in Paris schon viel Verkehr und Unfälle waren an der Tagesordnung. Die in Paris so beliebte Idee des Flanierens und des Genießens von Sichtachsen war geboren. Die Idylle des Square du Vert Galant hat man schon im 18. Jahrhundert erkannt, als man dort öffentliche Bäder und ein Konzertcafé eingerichtet hat, das leider bei der Überschwemmung 1879 zerstört wurde.

Square du Vert Galant · Métro Pont Neuf

Gotik inspiriert zum Spiel von Form und Farbe

Man muss kein Kenner der gotischen Architektur sein, um überwältigt zu sein vom Inneren der Kirche Saint-Séverin. Das raffinierte Kreuzrippengewölbe wirkt wie ein steinerner Wald. Zusammen mit dem einströmenden Licht hat die uralte Kirche so manchen wichtigen Künstler im 20. Jahrhundert angeregt.

Von außen wirkt die Kirche eher etwas plump und heruntergekommen, und kaum ein Passant kommt auf die Idee einzutreten. Die vielen furchterregenden Wasserspeier an der Außenwand weisen darauf hin, dass es sich um eine sehr alte Kirche handeln muss. Tatsächlich reicht ihre Gründung in das 6. Jahrhundert zurück, als an dieser Stelle ein Eremit namens Severinus gelebt haben soll. Im Laufe der Zeit wurden immer wieder Teile zerstört und ersetzt. Wie der faszinierende Eindruck eines Palmenwaldes entsteht, ist ganz einfach zu erklären: Aus der Fünfschiffigkeit der Kirche ergibt sich ein doppelter Chorumgang. Die gedrehten Säulen unterstützen den Eindruck des organisch Gewachsenen. Es lohnt, sich auf eine Kirchenbank zu setzen und den Raum auf sich wirken zu lassen. Das hat an dieser Stelle wohl auch einer der wegweisendsten Maler des 20. Jahrhunderts getan, Robert Delaunay (1885 bis 1941). Er hat 1909/10 mit seinen Serienbildern zu St. Séverin nicht nur den Übergang von Cézanne zum Kubismus vollzogen, sondern maßgeblich die Maler der expressionistischen deutschen Gruppe Der Blaue Reiter beeinflusst. Der Maler wäre begeistert gewesen von seinem Kollegen Jean Bazaine (1904 bis 2001), der im Jahr 1966 die modernen Glasfenster der Kirche gestaltete. Die abstrakten Bleiglasgebilde strahlen eine Lebendigkeit und Leuchtkraft aus und stehen trotzdem nicht im Widerspruch zu den alten Gemäuern der Kirche. Der Kulturminister Jack Lang war so begeistert davon, dass er den Künstler dazu überredete, 1988 die benachbarte Métro-Station Cluny – La Sorbonne mit einem schönen Mosaik zu versehen. An der Decke des Métro-Tunnels sind die Unterschriften berühmter Studenten der Sorbone verewigt.

Saint-Séverin · Mo–Sa 11–19.30 Uhr, So 9–20.30 Uhr · 1, Rue des Prêtres Saint-Séverin
Tel. 01 42 34 93 50 · www.saint-severin.com · Métro Cluny – La Sorbonne

50 Das Paradies der Damen

La Bonheur des Dames (»Das Paradies der Damen«) heißt der 1883 erschienene Roman von Emile Zola (1840 bis 1902). Er beschreibt darin die Etablierung des ersten Kaufhauses der Welt, des Bon Marché. Immer noch zeigt sich dieses – nicht nur für Frauen – von seiner paradiesischen Seite.

Die reale Geschichte des kleinen Verkäufers Aristide Boucicaut, der mit 19 Jahren aus der Normandie in die Stadt kam, ist eine Erfolgsgeschichte. Er stieg in das 1838 von den Gebrüdern Vaudeau gegründete Bon Marché als Teilhaber ein und entwickelte ein Verkaufskonzept, das es so weltweit noch nicht gab. Zum ersten Mal wurden Kleidung, Haushaltswaren, Schreibwaren, Spielsachen und Kosmetik unter einem Dach dargeboten. Verkaufskonzepte wie Gewinnbeteiligung der Angestellten waren ebenfalls neu, der Beruf der Verkäuferin und Modeberaterin wurde geschaffen, was zur Emanzipation der Frauen beitrug. Mütter konnten ihre Kinder in einem Kasperltheater abgeben, derweil sie sich die Spitzen (*dentelles*) und Vorhänge (*rideau*) aussuchte, wie es heute noch an den schönen mit Mosaik besetzten Seitentüren geschrieben steht. Die Näherinnen schauten sich die neuesten Roben bei den Damen der Bourgoisie ab, die sich auf der Pferderennbahn von Longchamp tummelten. Man konnte sich auch nach Hause liefern lassen oder per Katalog bestellen. Es versteht sich von selbst, dass die Räume schnell vergrößert werden mussten und Gustave Eiffel 1869 eine bemerkenswerte Halle aus Glas, Metall und dezentem schmiedeeisernen Geländern schuf. Das älteste Kaufhaus von Paris wirkt aber keineswegs verstaubt, im Gegenteil, moderne Konzepte wie Kunstausstellungen tragen zum Genuss bei. Im Nebengebäude gibt es die größte Feinkostabteilung von Paris. Im Gegensatz zu den anderen namhaften Kaufhäusern der Stadt drücken sich hier keine Touristenschwärme durch die Gänge, sondern die Schönen und Reichen treffen entspannt, von ruhiger klassischer Musik untermalt, ihre Wahl.

Bon Marché · Mo–Sa 10–20 Uhr, Do, Fr bis 21 Uhr · 24, Rue des Sèvres · Tel. 01 44 39 80 00
www.lebonmarche.com · Métro Sèvres – Babylone

Eine Suppenküche vom Feinsten

Es gehört schon viel Fantasie dazu, sich inmitten des von Jugendstil überbordenden Restaurants Bouillon Racine eine ehemalige Suppenküche für die Arbeiter der Umgebung vorzustellen. Um 1900 gab es in Paris an die 250 solcher bouillons, *die interessanterweise die erste Restaurantkette der Welt waren.*

Die Arbeiter um die Hallen von Paris leisteten Schwerstarbeit. 1855 kam deshalb der Metzger Pierre-Louis Duval auf die Idee, für deren Pausen den Arbeitern Fleisch und Suppe in sogenannten *bouillons* (= Suppenküche, abgeleitet von *bouillon* = Brühe) anzubieten. Camille Chartier, dessen Bouillon Chartier in der Rue du Faubourg Montmartre auch heute noch ein beliebter Anziehungspunkt ist, richtete 1906 eine *bouillon* in der Rue Racine sowie zwei weitere Filialen ein.

Mit dieser Entwicklung ging zeitlich auch die Mode des Jugendstils einher. Nirgendwo stärker als in Paris prägte in der sogenannten Belle Époque (= Schöne Epoche) dieser äußerst ästhetische Stil des Art Nouveau alle Teile des Lebens wie Architektur, Inneneinrichtung und Design. Jeder Parisbesucher kennt die wunderschönen schmiedeeisernen Ornamente der Métroeingänge von Hector Guimard. Es braucht nicht große Namen, wie das Maxim's oder die Brasserie Julien, um diese wohl dekorativste Gebrauchskunst aller Zeiten zu bewundern. Wenn der Besucher das Bouillon Racine betritt, wird er erst einmal verzaubert von der Vielzahl an Ornamenten, die durchgängig ein florales Grundmuster aufweisen. Helltürkisfarbene Holzvertäfelungen, Fenster und Lampen mit Tiffany-Blumen, sorgsam bemalte Kacheln lassen eine heitere, frühlingshaft anmutende Leichtigkeit aufkommen. Man achte auch auf Details, wie die bronzene Registrierkasse oder die Gestänge der Bestuhlung, die an filigrane Baumzweige erinnern. Die Speisen werden ebenso dekorativ serviert, die ausgesuchte Vielfalt auf der Menükarte wie der Preis haben freilich nichts mehr mit den einstigen Suppenküchen der Arbeiter zu tun.

Bouillon Racine · täglich 12–23 Uhr · 3, Rue Racine, · Tel. 01 44 32 15 60
Métro Cluny – La Sorbonne

52 Ein Denker wartet auf die Métro

Auf die Métro zu warten ist eine der häufigsten Beschäftigungen der Pariser. Die zusammengekauerte Figur des Denkers von Auguste Rodin (1840 bis 1917) mit seiner den Kopf stützenden Hand scheint das Problem künstlerisch zu thematisieren. Dabei steht diese Nachbildung nur hier, weil sich um die Ecke das Musée Rodin befindet.

Rodin gilt als einer der wichtigsten Wegbereiter der modernen Plastik. Von seinem Denker (1880 bis 1882) gibt es weltweit über zwanzig Monumentalnachbildungen. Der Bildhauer hat ihn als Teil seines Höllentors, an dem er 37 Jahre gearbeitet hat, geschaffen. Die Plastik soll für den Dichter Dante Alighieri (1265 bis 1321) stehen und dessen Werk Die Göttliche Komödie. Da die Figur vornübergebeugt ist und ihr Blick nach innen gerichtet ist, gilt sie als Verkörperung des Intellektuellen. Der Mann, der für die Figur Modell saß, war aber alles andere als ein Denker, sondern ein Preisboxer, der gerne im Rotlichtmilieu verkehrte. Im Untergeschoß der Métrostation Varenne steht übrigens auch die Nachbildung einer weiteren bekannten Skulptur von Rodin, die den Dichter Honoré de Balzac (1799 bis 1850) verkörpert. Diese Auftragsarbeit wurde lange abgelehnt, da sie dem Publikum noch zu modern war und eher den Charakter als das Aussehen des Dichters auf expressive Art ausdrückte. Angeregt von dieser Kunst lohnt es sich emporzusteigen und das wenige Schritte entfernte Stadtpalais Hôtel Biron zu besuchen, das dem Bildhauer gewidmet ist. Und sei es nur, um sich in dem wunderschönen Garten zwischen den Skulpturen niederzulassen und einige Originale auf sich wirken zu lassen. Um sich das Warten auf die Métro zu vertreiben, gibt es noch einige andere interessant gestaltete Untergrundtunnels wie das der Station Arts et Métiers, nach dem darüber liegenden gleichnamigen Technikmuseum benannt. Die Kupferverschalung und die Dekoration mit Anklang an technische Geräte sind sehenswert. Ebenso das monumentale Mosaik in der Station Opéra, das den berühmten Tanz des Malers Henri Matisse (1869 bis 1954) darstellt.

Métro Station Varenne, Untergeschoß, Musée Rodin · Di–So 10–17.45 Uhr, Mi–20.45 Uhr
79, Rue de Varenne · Tel. 01 44 18 61 10 · Métro Varenne

Imbiss unter Palmen

Der Imbiss ist es bestimmt nicht, weswegen man in das Gartencafé im Petit Palais kommt. Wenige Schritte von den Champs-Elysées eröffnet sich hier ein wahres Paradies. Marmorkolonnaden und Prachtarchitektur im Belle-Époque-Stil geben der üppigen Vegetation einen Rahmen, der seinesgleichen sucht.

Der Petit Palais wurde zusammen mit dem Grand Palais anlässlich der Weltausstellung 1900 errichtet. Man wollte protzen und der Menschheit zeigen, welcher Glanz von Paris aus in die ganze Welt strahlt. Das ist auch bestens gelungen und gelingt noch heute, wenn man die steilen Treppen zum erst 2005 neu vergoldeten riesigen Eingangstor emporsteigt. Im Gegensatz zum gegenüberliegenden Grand Palais mit seinen beeindruckenden Wechselausstellungen von Weltrang wird der Petit Palais, der auch innen so gar nicht klein wirkt, oft etwas links liegen gelassen. Dabei sind in der – übrigens kostenlosen – Dauerausstellung namhafte französische Künstler wie Gustave Courbet, Paul Cézanne oder Auguste Rodin ausgestellt. Auch, wenn einem der Sinn gerade nicht nach Kunst steht, lohnt es sich, die Eingangshalle zu durchschreiten und rechts in den Garten abzubiegen. Auch hier ist der Eintritt kostenlos und der Anblick umso spektakulärer. Das Halbrund einer Kolonnadenkette mit imposanten Säulen aus rotem Marmor umrahmt einen üppigen Garten mit Palmen und Bananenpflanzen, zwischen denen kleine Springbrunnen plätschern. Auf dem wunderschönen Mosaikboden in warmen Farbtönen stehen grazile metallene Gartenmöbel. Dabei geht es in dieser Oase der Ruhe keineswegs steif zu. Manche Leute sitzen auf den Treppen zwischen den Säulen und haben das Tablett mit ihrem Kaffee dabei. Es handelt sich nämlich hier um ein *self*, wie die Franzosen sagen, ein Selbstbedienungsrestaurant. Hinsichtlich ihrer Zutaten ist die Tarte eigentlich ihren Preis nicht wert. Blickt man aber über den Garten auf die grandiose Kuppel des Petit Palais, würde mancher auch das Doppelte dafür ausgeben.

Le Jardin du Petit Palais · Di–So 10–17.15 Uhr, Do bis 19. 30 Uhr · Petit Palais, Musée des Beaux-Arts de la Ville de Paris · Avenue Winston Churchill · Tel. 01 53 43 40 00
Métro Champs-Elysées - Clémenceau

54 Selfservice mit absolutem Bestblick auf den Eiffelturm

Man darf diesen Ort fast nicht preisgeben. Der Paradeblick auf das Wahrzeichen der Stadt, den Eiffelturm, offenbart sich am besten von der gegenüberliegenden, berühmten Aussichtsterrasse, dem Trocadero. Doch auch hier lohnt es sich, das beste Plätzchen auszumachen, vorzugsweise sitzend, nicht so teuer und ohne viele Touristen.

Die von goldenen Statuen gesäumte große Terrasse wird seit 1978 auch »Platz der Menschenrechte« genannt. Meist herrscht auf dieser erhöhten Plattform gegenüber dem Eiffelturm ein buntes Treiben mit Menschen aus aller Herren Länder. Ohne Unterbrechung werden Fotosessions mit der »Eisernen Dame« abgehalten, und Afrikaner bieten eifrigst Miniatur-Eiffeltürme als Schlüsselanhänger in allen blinkenden Variationen an. Der Blick ist fantastisch, und überhaupt sollte man die erste Besichtigung des Eiffelturms unbedingt aus dieser Blickrichtung und zu Fuß unternehmen. Von der Abschlussmauer des Trocadero schweift der Blick über die angrenzenden Gartenanlagen mit ihren Wasserfontänen und Skulpturen über die Seine. Hinter dem Eiffelturm erstrecken sich den Champ-de-Mars bis zur goldenen Kuppel der École Militaire. Vorher aber noch zurück zum zur Weltausstellung 1937 erbauten Palais Chaillot: Während sich im linken Halboval des Palais ein Marinemuseum und ein gehobenes Restaurant mit bestem Ausblick befinden, kann der rechte Flügel mit dem Théâtre National Chaillot und dem erst 2007 eröffneten fantastischen Architekturmuseum Cité de l'Architecture et du Patrimoine aufwarten. Interessant aufgemachte Modelle zeigen die Geschichte der französischen Architektur. In seiner Eingangshalle springen die orangefarbenen und weißen Stühle des Café Carlu ins Auge. Auch ohne Museumsticket kann man sich im Selbstbedienungslokal, das nach dem Erbauer des Chaillot benannt ist, ein Menü zu 7,50 Euro holen. Bei schönem Wetter zieht es einen unweigerlich nach draußen. Denn der Blick aus der überdimensionalen Glastür auf die Terrasse lässt jedem Eintretenden den Mund offen stehen.

Café Carlu, im Cité de l'Architecture et Patrimoine · Mi–Mo 11–18.30 Uhr, Do 21 Uhr
1, Place du Trocadero, Tel. 01 53 70 96 65 · Métro Trocadero

55 Das Geburtszimmer des Sonnenkönigs

Wie groß ist die Überraschung, wenn man sich vor den Toren von Paris, in Saint-Germain-en-Laye, nichtsahnend in ein schönes Hotel einmietet und dann plötzlich im Geburtszimmer von Louis XIV steht. Es lohnt sich, einen Abstecher in das eine halbe Stunde entfernte Städtchen mit seinem geschichtsträchtigen Schloss zu machen.

Für manche vielleicht eine Alternative zum Schloss Versailles mit seinen unendlichen Wartezeiten: Schließlich ist der Sonnenkönig in einem Teil des Schlosses von Saint-Germain-en-Laye, dem Pavillon Henri IV, nicht nur geboren, sondern hat hier auch lange Zeit gewohnt, um die Bauarbeiten im benachbarten Versailles zu beobachten. Heute ist in diesem Teil ein elegantes Hotel mit Restaurant und bester Aussichtsterrasse untergebracht. Die ehemalige Gebetskapelle von Henri IV (das ursprüngliche Schloss stammt aus dem 13. Jahrhundert) entdeckt man auf dem Weg zur Terrasse

eher zufällig. Nichts ist touristisch aufgemacht. Nur ein kleines Schild über der Tür besagt, dass hier der weltberühmte König geboren wurde. Unter der im klassizistischen Barockstil bemalten Kuppel des Pavillons stehen zeitweise sogar nüchterne Tische mit Laptops, da der helle Raum gerne als Konferenzraum genutzt wird. In dem Lokal soll des öfteren auch Alexandre Dumas (1802 bis 1870) eingekehrt sein. Der Dichter hat nur zehn Autominuten von hier im Château de Monte-Christo in Port-Marly gewohnt (ebenfalls zu besichtigen) und erfand nicht nur *Die drei Musketiere*, sondern auch *Das Geheimnis der Eisernen Maske*. Nach der Geschichte von Dumas soll der tatsächlich von 1669 bis 1703 gefangen gehaltene Sträfling in der Bastille, dessen Gesicht stets durch eine eiserne Maske verdeckt blieb, der verleugnete Zwillingsbruder von Louis XIV gewesen sein. Die Spekulationen dazu reißen nicht ab. Die Aussicht von der sich neben dem Schloss (mit archäologischer Sammlung) entlangziehenden »Terrasse«, wie der Höhenzug genannt wird, ist überwältigend: Über die Windungen der Seine und den Hochhäusern von La Défense hat man ganz Paris vor sich. Ein abschließender Einkaufsbummel im Königsstädtchen ist empfehlenswert.

Pavillon Henri IV · So–Fr 12.30–13.30 Uhr, Mo–Sa, 19.30–21.30 Uhr · 19, Rue Thiers · Saint-Germain-en-Laye · Tel. 01 39 10 15 15 · www.pavillon-henri-4.com · RER A Saint-Germain-en-Laye

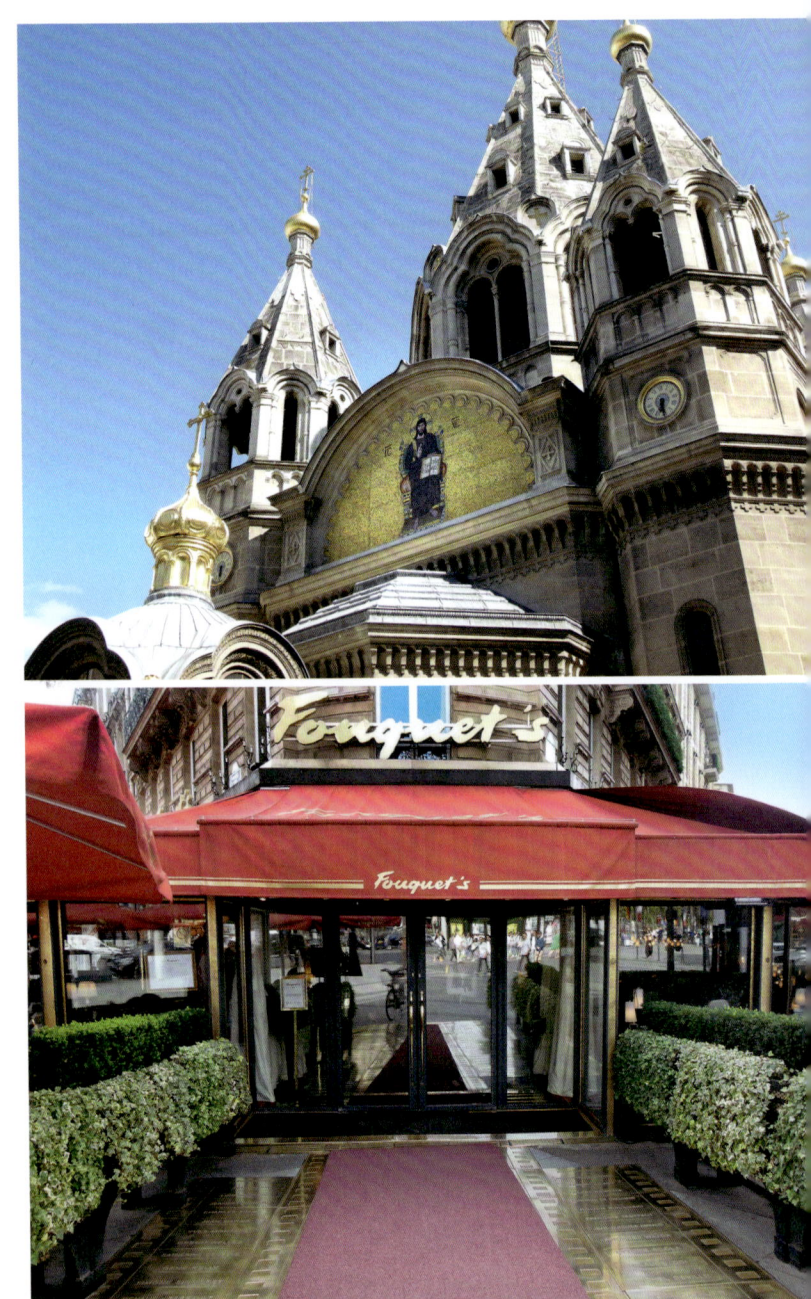

Russische Zwiebeltürme mitten in Paris

56

Nach der Oktoberrevolution von 1917 in Russland galt Paris unter den Anhängern des Zaren als einer der beliebtesten Auswanderungsorte. Sie siedelten sich in den eleganten westlichen Vierteln von Paris an und waren sehr auf die Wahrung ihrer Tradition bedacht. Deshalb findet man in Paris so manche russisch-orthodoxe Kirche. Die schönste aber, die gleichzeitig der Sitz der russisch-orthodoxen Erzdiözese von ganz Westeuropa ist, ist die Alexander-Newski-Kathedrale. Sie wurde 1861 im neo-byzantinischen Stil fertig gestellt. Übrigens hat Picasso dort seine Frau Olga, eine russische Tänzerin, geheiratet!

Cathédrale Saint-Alexandre-Newsky · Di und Fr 15–17 Uhr, So 10–12.30 und 15–18 Uhr
12, Rue Daru · www.cathedrale-orthodoxe.com · Métro Ternes

Kinostars in Messing verewigt

57

Was für die Amerikaner der Oscar, ist für die Franzosen der César. Der begehrten Filmtrophäe, nach ihrem Designer, dem französischen Künstler César Baldacchini, benannt, wird im Fouquet's gehuldigt. Alljährlich im Februar gibt es dort ein großes Essen der in über 20 Kategorien nominierten Stars. Einige Zeit später findet die eigentliche Preisverleihung im Théâtre du Châtelet statt. Bei ihrer Übertragung im Fernsehen bewundern dann die Franzosen die gewagtesten Abendroben. Die Luxusbrasserie kokettiert mit dieser Tatsache. Schließlich war es schon das Stammlokal von Marlene Dietrich. Nicolas Sarkozy hat seinen Wahlsieg als Präsident 2007 hier gefeiert und wurde daher »Bling-Bling-Präsident« genannt.

Fouquet's · täglich 8–2 Uhr · 99, Avenue Champs-Elysées · Tel. 01 40 69 60 65
www.lucienbarriere.com · Métro Georges V

58 Wer ist die Schönste?

Ein Meer von Rosen an Sträuchern und als Girlanden berauscht besonders in den Sommermonaten die Sinne. Über 9000 Rosen von über 1000 Sorten stehen beim alljährlich stattfindenden internationalen Rosenwettbewerb in Konkurrenz zueinander. Doch der Parc de Bagatelle hat noch weitaus mehr zu bieten.

Der Park befindet sich im Bois de Boulogne, dem ehemaligen Jagdrevier der französischen Könige, einer weitläufigen grünen Lunge am Westrand der Stadt, und grenzt an den noblen Vorort Neuilly. Namensgebend war das Bagatelle-Schlösschen, das Marie-Antoinette im Rahmen einer persönlichen Wette hier 1775 errichten ließ. In ihm finden jetzt häufig Ausstellungen moderner Kunst statt. Wohin man sein Auge in diesem weitläufigen Park auch richtet, jeder Blick zeigt ein ideales Motiv für die Kamera. Das liegt auch daran, dass man sich bei der Anlage dieses englischen Gartens an Gemälden der französischen Landschaftsmaler Nicolas Poussin (1594 bis 1665) und Claude Lorrain (1600 bis 1682) orientierte. Trauerweiden hängen über mit Seerosen bedeckten Teichen, die gesäumt sind von grottenähnlichen Gängen, an denen kleine Wasserfälle herunterplätschern. Weit über den Park hallen die Rufe der Pfaue, und wenn sich mancher nicht gerade auf einen Baum zurückgezogen hat, schlägt er in stolzer Laune farbenprächtige Räder vor den Passanten. Hügel mit Aussichtspavillons und chinesische Pagoden lockern architektonisch die Landschaftsidylle auf. Hinter der prächtigen Orangerie, in der im Sommer gerne Konzerte abgehalten werden, erstreckt sich in der geordneten Weise eines französischen Gartens der große Rosengarten. Einen kleineren neueren Datums gibt es auch im Norden des Parks. Die Rosen sind mit wohlklingenden Namen versehen oder heißen nach bekannten Persönlichkeiten. Wer die mannigfaltigen Formen und Farben der Schönheiten bewundert hat, kann sich danach in einem mit einem großen Wintergarten ausgestatteten schönen Gartenrestaurant, Les Jardins de Bagatelle, kulinarisch erlaben.

Parc de Bagatelle · Mai–Sept. 9.30–20 Uhr, Okt.–Apr. 9.30–18.30 Uhr · 42, Route de Sèvres à Neuilly
Restaurant (rechts vom Eingang) · täglich 12–15, Teatime 15–18, im Sommer auch 19–23 Uhr · Tel. 01 40 67 98 29 · rl@bagatellerestaurant.fr · Métro Pont de Neuilly

Aufstrebende Kunst, in Luxus gerahmt

Neue aufstrebende Künstler haben es bei den Gewerbemieten im Zentrum der Stadt besonders schwer. Seit 2006 erlaubt sich Louis Vuitton, an den Champs-Elysées Kulturförderung vom Feinsten zu betreiben. Aber auch aus anderen Gründen lohnt es sich, den versteckten Seiteneingang in den Espace Culturel zu nehmen.

Wer einen mittelmäßig gefüllten Geldbeutel hat, meidet meist den edlen Flagship-Store der Marke Louis Vuitton und staunt über die Schlange der Asiaten, die dort ansteht. Biegt er aber an der Seitenwand des Gebäudes in der Rue Bassani ein, erwartet ihn eine ganz eigene Erlebniswelt zeitgenössischer Kunst. Es fängt schon mit der Beförderung in den Kunstraum in die 7. Etage an. Der Aufzug selbst ist ein Kunstwerk des mittlerweile renommierten, in Berlin lebenden dänischen Künstlers Olafur Eliasson. Der Aufzug ist mit schwarzem Samt ausgekleidet, und ein ausgeklügeltes Ton-

system schaltet jegliche Wirkung auf die Sinne aus. Man gleitet in einer nie erlebten Dunkelheit ins Dachgeschoß. Der Besucher hat somit seine Sinne für die nachfolgende Kunst befreit. Oben erwarten einen die freundlichen, hellen Räume des sich über 400 Meter erstreckenden Kunstraums mit großen Fenstern auf die Dachterrasse und einem phänomenalen Blick über die Champs-Elysées und Paris. Schon allein das war den Besuch wert – der übrigens gratis ist. Es handelt sich hier keineswegs um eine Galerie mit Verkaufsziel. Vielmehr hat man es sich zur Aufgabe gemacht, aufstrebende Talente zu fördern. Diese stammen absichtlich aus aller Herren Länder. Schließlich hat sich Louis Vuitton bei der Gründung seines Geschäftes 1860 vor allem um die Reisekofferproduktion verdient gemacht. Oft werden auch Künstler ausgestellt, die in ihren Ländern unterdrückt werden. Der Espace Culturel verschafft ihnen Kontakte zu Galerien und oft werden diese Newcomer schnell bekannt, wie der Russe Alexander Brodsky, die Koreanerin Sookyung Yee oder der Chilene Alvaro Oyarzun. Alle drei Ausstellungen jährlich sind erlebnisbetont mit Klangeindrücken, Videos, Lichtspielereien oder begehbaren Installationen gestaltet.

Espace Culturel Louis Vuitton · Mo–Sa 12–19 Uhr, So 11–19 Uhr · 60, Rue Bassano
Tel. 01 53 57 52 00 · www.louisvuitton-espaceculturel.com · Métro George V

Namensgeberin von Wolkenkratzern umzingelt

La Défense ist die größte Bürostadt Europas. Sie wird gerne das »Manhattan von Paris« genannt und ist ein Eldorado für Freunde moderner Architektur. Ausgerechnet das einzige Überbleibsel aus dem 19. Jahrhundert, die Statue La Défense von Louis-Ernest Barrias (1841 bis 1905), gab dem Viertel seinen Namen.

Eigentlich darf man in Paris die Bauhöhe des Eiffelturms nicht überschreiten. Das Büroviertel La Défense liegt aber weit genug im Westen, dass es dem Wahrzeichen der Stadt nicht die Show stiehlt. Viele Besucher glauben, das Viertel liege zu weit außerhalb, um es zu besichtigen, dabei ist es mit der RER A in einer Viertelstunde vom Triumphbogen aus zu erreichen. Zu Zeiten des Berufsverkehrs ist aber eher davon abzuraten, da dann täglich 150 000 Pariser in die Hochhaustürme hetzen. Sehr schön kann man vom kleinen Triumphbogen, dem Carroussel du Louvre über die Champs-Elysées und den Arc du Triomphe hinweg zur Grande Arche (= großer Bogen) nach La Défense blicken. Auf dieser Sichtachse befindet sich auch die bronzene Statue La Défense. Bei ihrer Errichtung 1883 stand sie noch auf einer Kreuzung mitten in der Landschaft. Das Denkmal wurde zu Ehren der französischen Soldaten nach dem deutsch-französischen Krieg von 1870/71 errichtet. Eine kräftige Frau in französischer Uniform schaut Richtung Paris im Osten und symbolisiert die Verteidigung (*défense*). Zu ihren Füßen kniet ein Soldat, und hinter der Frau kauert ein Mädchen, das das Leiden der französischen Zivilbevölkerung symbolisiert. Erst seit den 60er-Jahren des 20. Jahrhunderts hat man hier immer höher werdende Bürogebäude von teils 300 Metern hochgezogen. Viele namhafte Banken und Versicherungen haben ihren Sitz dort, und der Bauboom hört nicht auf. Mit Kino- und Einkaufszentren hat man versucht, die Gegend auch nach Büroschluss etwas lebendiger zu gestalten. Das ist nur teilweise gelungen. Und auch in Gesellschaft von Skulpturen von Calder, Miró und César steht die Figur La Défense etwas verloren da.

La Défense · RER A Esplanade de La Défense

61 In vino veritas – Weinprobe im Museum

Dank der Römer wird in Frankreich seit über 2000 Jahren Wein angebaut. Das Musée du Vin Paris, das nur zehn Gehminuten vom Eiffelturm entfernt ist, huldigt dieser Tradition. In den pittoresken Gewölbekellern aus dem 15. Jahrhundert wird aber nicht nur Wissen vermittelt, sondern auch Wein genossen.

Sinnigerweise geht es über die Rue des Eaux (= Straße der Wasser) zum etwas versteckt liegenden Weinmuseum. Betritt man die alten Gewölbekeller dieses einzigartigen Museums, wird man sogleich von einer feuchtkühlen, nach Wein riechenden Luft umfangen und spürt, dass es sich um einen sehr alten Ort handeln muss. Die Steinbruchtunnel wurden schon im 12. Jahrhundert beim Bau der Stadt Paris ausgehoben, und im 15. Jahrhundert haben dort die Mönche des Klosters Passy ihren Wein gelagert und den König damit beliefert.

In den langen Gängen des 225 Quadratmeter großen und über vier Gewölbekeller verteilten Museums sind über 2000 Objekte rund um den Wein ausgestellt. In Nischen aufgestellte Wachsfiguren mit traditionellen Gewändern zeigen in anschaulicher Weise den Weinbau in verschiedensten Regionen von Frankreich. Auch auf die geschichtliche Entwicklung und die hochsensible Verfeinerung des weltbekannten französischen Exportguts wird eingegangen. Neben vielen dekorativen und informativen Objekten zur Weinaufbewahrung wird in einem Raum gar ein ganzer Destillationsapparat zur Gewinnung von Cognac ausgestellt. Der Rundgang lässt sich abrunden durch ein Glas Wein, eine Degustation von drei der dort über 200 lagernden Sorten, oder am besten durch ein Mittagessen im Gewölberestaurant Les Échansons (= Die Mundschenke). Die traditionelle französische Küche bietet Spezialitäten wie Foie gras, Lamm im Kräutermantel oder Jakobsmuscheln.

Dienstags und samstags werden neben ausführlicheren Degustationen auch Vorträge von erfahrenen Önologen gehalten.

Musée du Vin Paris · Di–Sa 10–18 Uhr · deutschsprachiger Audioguide, englische Führungen
5, Suare Charles Dickens- Rue des Eaux · Tel. 01 45 25 63 26 · Restaurant Di–Sa 12–15 Uhr
www.museeduvinparis.com · Métro Passy

Wie kam der Obelisk hierher?

Der über 3000 Jahre alte Obelisk von Luxor schmückt seit 1836 den größten Platz von Paris, die Place de la Concorde. Es stellt sich die Frage, wie der 23 Meter lange und 230 Tonnen schwere Koloss den Weg hierher fand. Er war ein Dankesgeschenk des ägyptischen Königs Muhammed Ali Pascha an Frankreich.

Schließlich hatte der Franzose Jean-François Champollion kurz vorher die Leistung vollbracht, die Hieroglyphen zu entziffern und damit einen enormen Beitrag zum Verständnis der ägyptischen Kultur geleistet. Der Transport des aus einem einzigen Stein bestehenden Pfeilers war eine technische Glanzleistung und dauerte nahezu sechs Jahre, da man zumeist mit bloßer Menschenkraft arbeiten musste. Es wurde eigens ein Schiff, die Luxor, gebaut, in das der Stein genau hineinpasste; mehrmals lief es auf Grund, und es musste wieder ein gewisser Wasserstand des Nils abgewartet werden. Derweil stritt man sich in Paris über den idealen Platz für das neue Monument. Panthéon und Louvre wurden in Erwägung gezogen, man stellte an der Place de la Concorde gar ein Modell auf, um die Ästhetik zu prüfen. Der damalige Bürgerkönig Louis-Phillippe entschied sich für den geschichtsträchtigen Platz, der einst nach Louis XV und später Louis XVI benannt war und auf dem während der Revolution die Köpfe rollten. Mit der Bezeichnung *concorde* (= Eintracht) wollte man Ruhe schaffen. Da 1830 wieder Unruhe aufkam, kam dem französischen König ein neutrales Monument gerade recht. Von 350 Artilleristen wurde der Obelisk dann mithilfe eines Holzgerüsts hochgezogen. Als dann die französische Flagge gehisst wurde, war der Jubel unter den 200 000 Zuschauern enthusiastisch. Trotzdem hat 1981 Frankreich das Angebot, den zweiten Obelisken anzunehmen, offiziell abgelehnt, so eine Arbeit wollte man sich nicht noch einmal antun. 1998 erhielt das Monument eine 3,60 Meter große, vergoldete Spitze von Pierre Bergé, dem Lebensgefährten (und Mitinhaber) von Yves Saint Laurent.

Obélisque de Louxor · Place de la Concorde · Métro Concorde

 »Miniatur-Schweiz« mitten in der Großstadt

Wenige Gehminuten von den achtspurigen Champs-Elysées soll sich ein Schweizer Tal befinden? Das muss man erst einmal wissen, bevor man am unteren Ende der Prachtstraße hinter den Palais Découverte abbiegt. Es handelt sich dabei um einen typischen, bei den Parisern sehr beliebten »jardin secret«, einen »geheimen Garten«.

Der geheime kleine Garten hinter dem Palais de la Découverte auf der rechten Seineseite ist für eine echte Überraschung gut. Zuerst sticht das Relief *Der Traum des Poeten* von Alphone de Moncel hervor, das aus einem einzigen Marmorblock gehauen ist. Rechts daneben führt eine kleine Treppe hinunter in ein idyllisches »Tal« mit Landschaftsspielereien wie Bachläufen, aus Ästen gebauten Brücklein, Felsen, grottenähnlichen Durchgängen und einer alles überwuchernden Vegetation aus Bambus, ungewöhnlichen Büschen und einem kleinen Teich. Das Rauschen des Wasserfalls übertönt fast die verkehrsreiche angrenzende Straße. Diese kleine Oase ist ein Überbleibsel des Schweizer Pavillons der Weltausstellung von 1900.

Ebenso war für die Weltausstellung von 1900 eine Reiterstatue des General Lafayette geplant. Sie wurde von einem Amerikaner gestiftet, der sich für das Geschenk der Freiheitsstatue bei Frankreich bedanken wollte. So wurde der Amerikaner Paul Wayland Bartlett auserkoren, das Reiterstandbild des Generals anzufertigen. Da man nicht viel Zeit hatte, begnügte man sich erst einmal mit einem Gipsmodell für den Louvre. Im folgenden arbeitete der Bildhauer sehr hart an seiner Umsetzung in Bronze. Da der General für Amerikaner und Franzosen gleichermaßen wichtig war, nahm der Künstler seine Arbeit sehr ernst und änderte ständig sein Konzept. Dies hatte zur Folge, dass er die Figur erst acht Jahre später fertig bekam. Als Zeichen seiner Selbstironie, was seine Langsamkeit betrifft, hat der Künstler eine Schildkröte neben das linke Bein des Pferdes angebracht. Sie ist besonders im Winter ohne Laub zu entdecken.

Jardin de la Nouvelle France (Jardin Anne-Sauvage) · Métro Champs-Elysées – Clemenceau

64 Entspannung auf Japanisch

Wenn die Franzosen dazu aufrufen, gelassen zu bleiben, sprechen sie von »rester zen« (= zen bleiben). Somit ist der Buddhismus in ihre Umgangssprache eingegangen. Nirgendwo in Paris kann man dies besser erleben als bei einer veritablen Teezeremonie im kleinen japanischen Garten.

Im Palais Heidelbach, einem eleganten neoklassizistischen Gebäude von 1913 weist nur eine diskrete kleine Tafel neben dem Eingangstor auf das Panthéon Bouddhique hin. Es ist ein Ableger des benachbarten Musée Guimet, das eine weltbekannte Kollektion asiatischer Kunst aufweist. Émile Guimet (1836 bis 1918) war Industrieller und Forschungsreisender, der seine umfassende Sammlung dem französischen Staat vermachte. Etwa 200 Kultgegenstände und Buddhas, die im Erdgeschoss und dem ersten Stock des Palais Heidelbach ausgestellt sind, hat er auf seiner Japanreise 1876 erworben. Der japanische Zengarten im Innenhof stellt eine wahre Oase der Ruhe dar. Der Besucher schreitet auf Natursteinplatten, die über das Wasserbassin verstreut sind, kreuz und quer zu einem Pavillon, der von renommierten japanischen Schreinern angefertigt wurde. Holzbrücken und riesige Bambusstangen runden das Bild ab, die befahrene Avenue d'Iena ist vergessen, man hört nur das Rauschen kleiner Wasserfälle. Zu einem ganz besonderen Erlebnis wird diese Idylle jedoch, wenn man sich zu einer der dort regelmäßig stattfindenden japanischen Teezeremonien anmeldet. Dann erklärt eine charmante, in einen traditionellen Kimono gekleidete Japanerin die spirituelle Bedeutung der Komponenten der japanischen Teezeremonie, bevor sich die kleine Gruppe in den Pavillon begibt und bei einer Schale Matcha-Tee und einem kleinen, süßen japanischen Gebäck das erworbene Wissen in die Tat umsetzt.

Wer weiter in die japanische Kultur eintauchen will, kann im japanischen Viertel hinter der Oper um die Rue Sainte-Anne essen gehen oder sich in einem der vielen japanischen Supermärkte dort versorgen.

Panthéon Bouddhique · Mi–Mo 9.45–17.45 Uhr · 12 Euro · Dauer 1 Stunde · 19, Avenue d'Iena
Tel. 01 56 52 53 45 · Daten der Teezeremonie und Reservierung unter www.guimet.fr · Métro Iena

Wer wird denn gleich in die Luft gehen?

Es lohnt sich, in die Luft zu gehen, um mit dem größten Fesselballon der Welt hoch über den Dächern von Paris zu schweben und den atemberaubenden Blick zu genießen. Seit geraumer Zeit dient der Ballon, den schon über eine halbe Million Besucher als Ausflugsziel gewählt haben, auch als Gradmesser für die Luftqualität.

Seit 1999 schwebt der weltgrößte Heißluftballon in 150 Meter Höhe über den Parc Citroën. Der Durchmesser des Ballons beträgt 22 Meter und in seiner Gondel haben 30 Erwachsene oder 60 Kinder Platz. Der Aufstieg ist relativ schnell und überraschend geräuschlos. Sicher fehlt es, verglichen mit der Aussicht von der Tour Montparnasse, noch an einigen Höhenmetern. Immerhin hat der Besucher hier nicht den Betonuntergrund eines Hochhauses unter sich. Das Gefühl im Korb zu fliegen, hat erst einmal etwas im doppelten Sinne »Erhebendes«. Das buntgraue Häusermeer wird von den Windungen der Seine, über die sich zahlreiche Brücken spannen, durchbrochen. Neben dem Eiffelturm ragen wichtige Gebäude wie Invalidendom, Panthéon oder Triumphbogen aus der Häusermasse hervor. Die Verweildauer in der Luft beträgt nur eine Viertelstunde, ist aber gemessen an ihrem relativ niedrigem Eintrittspreis jeden Euro wert.

Wenn einen die Erde wieder hat, ist es anzuraten, dem 14 Hektar großen Parc André Citroën mit seinen strengen, futuristisch wirkenden Flächen auf dem Gelände der ehemaligen Citroën-Automobilfabrik einen Besuch abzustatten.

Seit 2008 erfüllt der Ballon noch einen anderen Zweck. Er gilt als Gradmesser für die Qualität der Luft in Paris. Mittels eines ausgeklügelten physikalischen Systems verfärbt sich der Ballon je nach Schmutzgehalt der Atmosphäre und informiert in Echtzeit über den Zustand der Pariser Luft. Dabei leuchtet bei tendenziell schlechterer Luft die riesige Kugel in Rot, bei Orangefärbung ist ein mittlerer Luftzustand angezeigt, während Grün für die sauberste Luft in Paris steht.

Ballon de Paris · Parc André Citroën · täglich 9–19.30 Uhr (Winter), 9–21.30 Uhr (Sommer)
Erwachsene 12, Kinder 6 Euro · Tel. 01 44 26 20 00 · www.ballondeparis.com
Métro Balard

Architektur und Kino – ein Gesamtkunstwerk

Sowohl hinsichtlich ihrer Architektur als auch hinsichtlich ihrer Aufgabe als erstes Institut, das für die Erhaltung von Filmen als Kulturgut eintrat, schrieb die Cinémathèque Française Geschichte. In keinem anderen Land spielt die »7. Kunst«, wie die Franzosen das Kino zu nennen pflegen, eine derartig wichtige Rolle.

Nirgendwo stehen so viele Leute – trotz enormer Kinodichte – vor den Kassen wie in Paris. Schließlich war es hier, wo die Brüder Lumière den Bildern Ende des 19. Jahrhunderts das Laufen lehrten. Nicht nur, dass der leidenschaftliche Filmesammler Henri Langlois die Cinémathèque Française als staatliche Einrichtung schon 1935 gründete, er hatte auch maßgeblichen Einfluss auf die enorme gesellschaftliche Wertschätzung dieses Mediums als Kunst. In den 50er-Jahren trug die Institution der Cinémathèque auch stark zur Entwicklung der Nouvelle Vague und der hohen weltweiten Repräsentanz des französischen Filmes bei. Den Besucher der Cinémathèque Française erwartet eine umfangreiche Sammlung von optischen Geräten, alten Kameras, Plakaten und Requisiten von Kultfilmen sowie unzählige Filmausschnitte von Charlie Chaplin bis Alfred Hitchcock und von Fritz Lang bis Luis Buñuel. In verschiedenen Sälen werden Filme aus allen Epochen und Ländern gezeigt. Ständige, interessant aufgemachte Sonderausstellungen runden das Angebot ab. Wer sich noch mehr in das Thema Film vertiefen möchte, kann die umfangreiche Bibliothek nutzen. Aber nicht nur Cineasten kommen hier auf ihre Kosten, sondern auch Anhänger moderner Architektur. Das Gebäude ist eingebettet in den modernen, sich seit den 90iger-Jahren rasant entwickelnden Parc de Bercy und liegt direkt gegenüber den vier immensen Türmen in Form aufgeschlagener Bücher der Nationalbibliothek, die erst 1996 eingeweiht wurde. Die zerklüftete, im Collagenstil gehaltene Cinémathèque von dem 1926 in Amerika geborenen Architekten Frank O. Gehry gehört dem Dekonstruktivismus an und gilt als wegweisend.

Cinémathèque Francaise · Mo, Mi, Sa 12–19 Uhr, Do 12–22 Uhr, So 10–20 Uhr · Museum 5 Euro, Kino 6,50 Euro · 51, Rue de Bercy · Tel. 01 71 19 33 33 · www.cinematheque.fr · Métro Bercy

Ehemalige Goldgießerei wird zum Konsumtempel

So wunderschön kann eine Fabrik sein! Die letzte Goldgießerei wurde 2014 vom japanischen Uniqlo-Konzern aufpoliert. Das Ergebnis kann sich sehen lassen, und auch derjenige, der keine Kleidung braucht, sollte sich die auf drei Etagen verteilten 820 Quadratmeter des Verkaufsraums nicht entgehen lassen.

Das Marais-Viertel ist bekannt für seine Adelspaläste aus dem 17. Jahrhundert. Als diese in angesagtere Wohngegenden zogen, standen die großzügigen Räume leer und wurden besonders im 19. Jahrhundert von Handwerkern genutzt. Tatsächlich gab es hier bis 2002 noch eine Fabrik, die letzte Goldgießerei. In dieser Société des Cendres schlossen sich 1859 Goldschmiede und Juweliere zusammen, um Produktionsabfälle, Feilstaub und anderen Müll, in dem sich noch Edelmetallreste fanden, säubern und wiedergewinnen zu lassen. Oft kamen sie mit 50 bis 500 Kilogramm solcher wertvoller Abfälle, ließen diese verbrennen, trennen, zermahlen, sieben und das Gold, Silber und Platin in Barren gießen. Während des Prozesses bis zur Mitnahme nach Hause waren die Kunden ständig anwesend, um sicherzugehen, dass nichts vom wertvollen Metall verschwand. Überschreitet man heute die Schwelle des herrschaftlichen Gebäudes, ist man wirklich überrascht und beeindruckt von seinem Inneren.

▶ Im 17. Jahrhundert haben Pariser Frauen ihren Gold- und Silberschmuck auf andere Weise »entsorgt«: Als die Glocke Emmanuel am Turm von Notre-Dame aus Bronze neu gegossen wurde, warfen manche Damen ihren Schmuck hinein, was der Glocke einen besonders reinen und schönen Klang verlieh.

Erst einmal sticht der 35 Meter hohe rote Backsteinschlot hervor, der sich inmitten der Halle befindet. Dieser durchdringt das Glasdach und ragt außen weit in den Himmel hinaus. Ein schmiedeeiserner Dachstuhl und und eine y-förmig geteilte Treppe schaffen Symmetrie, Leichtigkeit und Eleganz. Man sollte nicht versäumen ins Untergeschoß zu gehen, in dem der Hochofen stand.

Uniqlo Marais · Mo–Fr 11–20 Uhr, So 10–20 Uhr · 39, Rue des Francs Bourgois · Tel. 01 53 01 87 87
www.uniqlo.com · Métro Saint-Paul

Ein Tresen in Hufeisenform

Das kleine Bistro Petit Fer à Cheval (= kleines Hufeisen) in einer recht belebten Ecke des Marais-Viertels ist so typisch und authentisch zugleich, dass es schon wieder etwas Besonderes ist. In dem kleinen Raum, in dem gerade einmal der hufeisenförmige Tresen hineinpasst, scheint die Zeit stillzustehen.

Auf der Terrasse zur Rue Vieille du Temple, an der sich ausgesuchte Boutiquen und Delikatessenläden aneinanderreihen, gibt es immer etwas zu sehen. Deshalb sind die knapp zehn Terrassenplätze meist belegt. Am Morgen nehmen Anwohner und Touristen ihr obligatorisches Croissant mit *café crème* ein. Die Winzigkeit des Lokales hat etwas Intimes, so dass man leicht ins Gespräch mit den Gästen am Nachbartisch gerät. Schicke Pariserinnen kommen mit ihrem Kleinkind vorbei, trinken noch schnell einen Kaffee, bevor sie in Kindergarten und Büro eilen. Über dem Tresen hängt ein riesiger Art-Deco-Kronleuchter, der sich im großen Spiegel wiederfindet. Dort sind mit lässig-verschnörkelter Schrift die *plats* aufgeschrieben. Die französische Bistroküche ist nicht für Vegetarier gemacht: »Canard maigré confite comme autrefois« (= fettarme im eigenen Saft eingelegte Ente wie von früher). »Wie von früher« passt in eine Umgebung, in der selbst Heizkörper und Uhr schon aus der Anfangszeit des Bistros zu stammen scheinen. Der Gast fragt sich aber, wo er hier Platz zum Essen findet. Über den schönen Mosaikboden gelangt er hinter der Bar in einen kleinen holzgetäfelten Raum mit etwa sechs Tischen. Gerne wird noch eine hausgemachte Tarte Tatin (gestürzter Apfelkuchen) genommen. Einzig die Toilette im Keller ist neu, »von 1990«, verrät der Besitzer stolz. Er hätte sich dabei von Jules Vernes Nautilus aus den Romanen *20 000 Meilen unter dem Meer* anregen lassen. Deshalb wurde alles verchromt und ein Bildschirm mit Meeresstimmung aufgestellt. Es handelt sich dabei um ein *WC à la turque*, was soviel wie »Stehklo« bedeutet. Diese gibt es in Frankreich übringens erst seit dem Ersten Weltkrieg.

Le Petit Fer à Cheval · täglich 9–2 Uhr · 30, Rue Vieille-du-Temple · Tel. 01 42 72 47 47
Métro Saint-Paul

Eine Reise nach Afrika

Nur einige Schritte östlich von Montmartre ist es möglich, auf fast unwirkliche Art in die afrikanische Kultur einzutauchen. Nur wenige Touristen begeben sich in das Viertel Goutte d'Or, in dem über die Hälfte der Bevölkerung schwarz ist. Dabei ist dort das Leben so bunt wie fast nirgends sonst.

Besonders in den 80er-Jahren des 20. Jahrhunderts kamen viele Zuwanderer aus Westafrika, wie dem Senegal, der Elfenbeinküste, Togo, Kongo oder Kamerun, hierher. An der Métro-Station Chateau Rouge kreuzt sich die afrikanische Welt von Paris. Das geht schon so weit, dass Straßen nun Tombouctou, Panama, Suez oder Oran heißen. Besonders an Markttagen geht es hier sehr lebhaft zu, es wird gefeilscht und diskutiert in allen afrikanischen Dialekten. Manchmal ist es vielleicht doch französisch, wenn man genau hinhört. Manche Afrikanerin stolziert mit ihren farbenfroh gemusterten Gewändern und kunstvoll gebundenen Haarbändern wie die Königin von Saba durch die Straßen.

Einer der originellsten Märkte, der Marché Dejean in der gleichnamigen Straße, bietet so ziemlich alles, was es auch auf dem afrikanischen Kontinent gibt. An den Fischständen liegt farbiges Meeresgetier aus, wie es sonst nirgends in Paris zu finden ist. Die Tische biegen sich unter klobigen Maniokwurzeln, die so manche afrikanische Großfamilie mehr als sättigt, Okragemüse und Gemüsebananen. Die Fleischwaren wie Kuhmägen oder Ziegenfüße sind für manche Europäer etwas gewöhnungsbedürftig. Kleine Garküchen mit in Bananenblätter gehüllten Snacks, frisch aufgebrühtem Minztee und dem erdig süßlichen Geruch von warmen Süßkartoffeln regen den Appetit an. Dazu werden orientalische Backwaren gereicht. In den umliegenden Kosmetiksalons mit anflechtbaren Haarsträhnen, Aufhellungscremes und Fingernagelverschönerung tummeln sich die Frauen, während die Männer in den Bars sitzen. Dazwischen ist ein kleines afrikanisches Restaurant, in dem es auch Ingwerbier gibt, schnell gefunden.

Marché Dejean · Di–Sa 15.30–19.30 Uhr, So 8–13 Uhr · Rue Dejean · Métro Château Rouge

70 Ein Lokal lässt die Piaf wieder auferstehen

Nicht nur Montmartre, auch Belleville im Nordosten gehört traditionell zu den volkstümlichen Vierteln von Paris. Dort ist in einfachsten Verhältnissen die weltberühmte Sängerin Edith Piaf (1915 bis 1963) geboren. Mit den regelmäßigen Piaf-Abenden setzt das Lokal Vieux Belleville der Künstlerin ein Denkmal.

An mindestens drei Abenden pro Woche geht hier die Post ab. Das kleine Bistro scheint sich seit Jahrzehnten nicht verändert zu haben. Nachdem sich die Gäste an einem einfachen Menü mit bodenständiger Küche und bestem Preis-Leistungs-Verhältnis gestärkt haben, erscheinen ab halb neun die Künstler, die in musikalischer Begleitung von Akkordeon oder Drehorgel französische Chansons der Nachkriegszeit zum Besten geben. Die Kultur des Java-Tanzes und des Musette-Walzers, der in den 20er-Jahren in den Arbeitervororten von Paris geprägt wurde, scheint wieder aufzuleben. Vor jeder Darbietung eines neuen Chansons werden in Windeseile leicht gelbliche Blätter mit den Texten ausgeteilt. Die Älteren des vorwiegend französischen Publikums sind eh textsicher, die Jüngeren sowie die paar internationalen Gäste sind dankbar für die Texte. Es gibt kaum jemanden, der nicht mitsingt. Wen das Tanzbein juckt, der fordert seine Dame auf der winzigen Fläche neben dem Akkordeon-Spieler zum Tanz auf. Nach etwas Wein und nach verschiedenen sentimentalen Liebesliedern und rhythmischen Trinkliedern wird Kontakt zu den Leuten an den anderen Tischen aufgenommen. So etwas findet sich sonst an keinem Ort in der Hauptstadt. Die Stimmung ist perfekt. Noch die Lieder im Ohr, hat man am Ende des Abends gleich links von der Tür des Lokals einen atemberaubenden Blick über den Parc Belleville hinweg auf ein immenses Lichtermeer, aus dem der Eiffelturm strahlend herausragt.

▶ **Wem Edith Piaf nicht aus dem Sinn geht, kann auf ihren Spuren Geburtsort (72, Rue de Belleville), Grab (Friedhof Père Lachaise) und Museum (Rue Crespin du Gast) besichtigen. Alles von hier weniger als 15 Minuten zu Fuß entfernt.**

Le Vieux Belleville · Mo–Fr 11–15 Uhr, Mo–Sa 19–2 Uhr · 12, Rue des Envierges
Tel. 01 44 62 92 66 · www.le-vieux-belleville.com · Métro Pyrénées

Street Art zwischen historischen Fassaden

»Chuuuttt!!!« (»Pssst!!!«) heißt das bestimmt größte Gemälde von Paris. Die weitaufgerissenen Augen und der vor die Lippen gehaltene Zeigefinger mahnen den Betrachter – laut Aussage des Künstlers Jef Aérosol – ruhig und aufmerksam die Stadt zu betrachten.

Jef Aérosol (geb. 1957) gehört zur ersten Generation der Street-Art-Künstler, die in den 80er-Jahren aufkam. Am Anfang noch als »Schmierfinken« geschmäht, haben diese Künstler mit der Zeit immer mehr Anerkennung gewonnen. Schließlich hat die Trompe-l'oeil-Malerei, die barocke Kunst der raffinierten Augentäuschung, in Frankreich eine lange Tradition. Auch wenn es natürlich illegal ist, ohne Genehmigung Wände zu besprühen, unterstützt die Stadt Paris, seit Jacques Chirac Bürgermeister war, Künstler, denen etwas für eine derartige Gestaltung der Stadt einfällt. Und dies ist nicht der erste Fall von Baustellenverdeckung in der Stadt: Da die historischen Sandsteingebäude in Paris sehr schmutzanfällig sind, muss immer wieder der übliche Steinputz her, bei dem riesige Fassaden mit Leinwänden abgehängt werden. Auf diese werden die Originalfassaden aufgemalt. Die Touristen sollen bekommen, was ihnen versprochen wird.

Während in Berlin, London oder New York noch wilder direkt mit den Dosen auf die Wand gesprüht wird, pflegt man in Frankreich eher die »saubere« Technik der *pochoirs*, der Schablonen. Die Schablonen werden zu Hause angefertigt, dadurch besteht weniger die Gefahr, dass durch Spontanität ein missglücktes Ergebnis entsteht. Es liegt in der Natur dieser Werke, dass sie vergänglich sind. Dem Straßenkünstler ist es wichtig, einen Appell an die Passanten zu richten, wenn dieser auch in den seltensten Fällen ein politischer sein darf. Damit ist die Aufgabe erfüllt und Künstler wie Jef Aérosol haben mittlerweile trotzdem internationalen Rang. Das Bild ist übrigens 22 Meter hoch und 15 Meter lang. Aérosol hat es mit fünf Helfern vom 12. bis 17. Juni 2011 auf eine Häuserwand in der Nähe des Centre Georges Pompidou gesprüht, wo es hoffentlich noch lange bleibt!

Place Igor Stravinsky, gegenüber gleichnamigen Brunnen · Métro Rambuteau
weitere Straßenkunst in Paris unter www.trompe-l-oeil.info

72 Die Porzellansammlung von Victor Hugo

Um Victor Hugo (1802 bis 1885) kommt kein französisches Schulkind herum. Oft werden die Gedichte des Nationaldichters schon in der Grundschule eingepaukt. Doch auch für denjenigen, der sich nicht so sehr für dessen Werke interessiert, ist die originalgetreu eingerichtete Wohnung an der schmucken Place des Vosges ein Erlebnis.

Die Place des Vosges ist nicht nur einer der ältesten Königsplätze der Stadt, sondern auch einer der schönsten. Eine besondere Perspektive auf den Platz bekommt man von der Wohnung Victor Hugos im zweiten Stock, die er in den Jahren zwischen 1832 und 1848 bewohnte. Schon beim Eintreten verrät das knarzende Parkett eine leicht angestaubte und dafür umso authentischere Atmosphäre. Es scheint, als wäre der Dichter, der stilistisch zwischen Romantik und Realismus anzusiedeln ist, gerade einmal zu einem Spaziergang ausgegangen. Hier hat er einen großen Teil seiner *Les Misér-*

ables (»Die Elenden«) geschrieben. Die tragische Geschichte des Galeerensträflings Jean Valjean ist mittlerweile weltbekannt. 1831 hatte Hugo seinen Durchbruch mit *Notre-Dame de Paris* (»Der Glöckner von Notre-Dame«), heute ebenfalls ein Stück Weltliteratur. Mit seinen kritischen, politischen Tönen stößt der Dichter zu seiner Zeit so sehr an die Grenzen, dass er sich zwischen 1851 und 1870 auf die englische Kanalinsel Guernsey zurückzieht. So sind die ausgestellten Objekte und Erinnerungsstücke auch nach den drei Epochen vor, während und nach dem Exil angeordnet. Viele Besucher erfahren jetzt erst, dass der Nationaldichter auch ein außerordentliches zeichnerisches Talent besaß. Asien-Design war beim Großbürgertum im 19. Jahrhundert in Mode. Das verrät schon einer der ersten Räume, in dem die säuberlich an der Wand aufgereihte Porzellansammlung Hugos vom eindringenden Licht der Place des Vosges veredelt wird. Im mit Damast bezogenen »Roten Salon« veranstaltete der Dichter regelmäßige Treffen mit den angesehensten Künstlern und Vertretern der Pariser Gesellschaft. Neben vielen Familienbildern ist auch das Sterbebett sowie das berühmte Stehpult zu besichtigen, an dem er zu schreiben pflegte.

Maison de Victor Hugo · Di–So 10–18 Uhr · 6, Place des Vosges · Tel. 01 42 72 10 16
http://maisonsvoctorhugo.paris.fr · Métro Saint-Paul

73 Paris wird geschützt

Auch wenn man in Paris nicht sofort den Eindruck hat, dass es jemals von einer Stadtmauer umgeben war, so begegnen einem bei genauerem Hinsehen immer wieder Reste der insgesamt sieben Befestigungen, die es seit der römischen Besetzung (s. S. 76) gab.

Das besterhaltene Mauerstück mit zwei Wehrtürmen aus der Zeit Philippe Augustes (1190 bis 1215) befindet sich im Marais in der Rue des Jardins-Saint-Paul. Das Stück Mauer bildet heute die Schulhofmauer des altehrwürdigen Lyzeums Charlemagne. Ursprünglich hatte sie eine Länge von 5400 Metern, je eine Hälfte auf jeder Seineseite. Zwischen den über 60 Wehrtürmen an der teilweise 10 Meter hohen Stadtmauer trat der Louvre, als eine im Westen abschließende Wehrburg besonders hervor. Eine durch die Seine verlaufende Kettensperre machte den Ring komplett. Die durch Charles V (1338 bis 1380) erweiterte Stadtmauer fügte mit der Errichtung der Wehrburg Bastille noch eine weitere Befestigung gegen Angriffe aus dem Osten zu. Im Cour Carrée des Louvre befindet sich auf dem Bodenpflaster ein rundes Gitter, das den Umriss eines Wehrturms von Charles V zeigt. Im Untergrund des Sully-Flügels des Louvre kann man an Wochenenden die Basis dieses Turmes besichtigen. Nach westlichen Erweiterungen der Mauer durch Louis XIII ließ Louis XVI eine ganz andere Mauer errichten, die nicht zur Verteidigung angelegt war, sondern zur Eintreibung der in der Stadt Paris eingeforderten Steuern. Diese nur drei Meter hohe Mauer von 24 Kilometern Länge entspricht ungefähr dem heutigen Verlauf der Métrolinien M2 und M6. Zuletzt wurde unter Adolphe Thiers (1779 bis 1877) ein erweiternder Mauerkranz angelegt. Aufgrund seiner zweifelhaften Funktion wurde dieser aber bald wieder abgerissen. Heute entspricht deren ungefährem Verlauf der sogenannte *périph*, wie die Pariser ihre Stadtautobahn nennen. Trotz der teilweise bis zu fünf Fahrsteifen pro Fahrtrichtung, ist die Stadtautobahn meist überfüllt, da alle Autobahnen der wichtigsten Städte Frankreichs dort münden.

Rue des Jardins-Saint-Paul · Métro Saint-Paul

Zeugen des Mittelalters

Wer an Paris denkt, hat die typischen Boulevards vor Augen, die erst in der zweiten Hälfte des 19. Jahrhunderts vom Präfekten Haussmann unter Napoléon III angelegt wurden. Dass Paris vorher ein völlig anderes, mittelalterliches Stadtbild aufwies, wird oft vergessen.

Zwar trifft man in Paris gelegentlich auf Spuren des Mittelalters, doch meist sind diese religiöser Herkunft. Eine gute Vorstellung vom Paris dieser Epoche zeigen manche Modelle und Bilder des Stadtmuseums Musée Carnavalet in der 16, Rue Francs Bourgois. Wahrhaft nachempfinden kann man das mittelalterliche Lebensgefühl erst einige Meter weiter anhand der vierstöckigen Fachwerkhäuser in der 11/13, Rue Francois. Die schmalbrüstigen hohen Häuser mit den spitzen Giebeln stammen vermutlich vom Anfang des 16. Jahrhunderts. Denn 1508 erließ man ein Gesetz, in dem man den Bau von Erkern verbot, da sie vorher wohl reihenweise den Vorübergehenden auf die Köpfe gefallen waren. Im Gegensatz zu den mit echtem Stein gebauten Adelspalästen der Umgebung hat man zur Konstruktion der Fachwerkhäuser Erde und Gips aus den Steinbrüchen von Montmartre mit Stroh angereichert und zwischen das Konstrukt der Holzbalken geklatscht. Natürlich war in diesen Räumlichkeiten der einfacheren Leute alles feuchter, morscher und vor allem brandanfälliger. Deshalb hatten die Bewohner ab 1607 die Auflage, die Fassade mit einem Putz zu versehen. Erst 1967, bei der Restaurierung der beiden Häuser, hat man diese wieder freigelegt. Hausnummern gab es in dieser Zeit noch nicht, dafür Steinschilder, die auf den Beruf der Bewohner hinweisen. In diesem Fall handelt es sich um einen Mäher und um jemanden, der mit Schafen zu tun hatte. Die Fortdauer ländlichen Lebens stand mit der immer dichter werdenden Besiedlung in immer größerem Widerspruch. Aufgrund der fatalen hygienischen Zustände in der Hauptstadt kam es noch 1849 zu einer verheerenden Cholera-Epidemie. Nach 1853 hat die radikalste Veränderung der Stadt stattgefunden: 15 000 solcher Häuser wurden abgerissen.

Fachwerkhäuser: 11 und 13, Rue Francois Miron · Métro Saint-Paul

75 Eintauchen in die Welt aus 1001 Nacht

Nach dem Besuch des sehenswerten Naturkundemuseums Musée National d'Histoire Naturelle im Jardin des Plantes lässt sich zur Entspannung eben mal eine Reise nach Marokko unternehmen. Nur wenige Meter von diesem Museum entfernt, befindet sich die Große Moschee von Paris.

Die riesige Moschee-Anlage mit ihren strahlenden Mosaiken und ihrem Minarett mitten im Quartier Latin fällt auf. Sie ist einer der wichtigsten Moscheen von Marokko nachempfunden und eines der religiösen Zentren der großen muslimischen Gemeinde von Paris. Sie wurde zwischen 1922 und 1926 als Zeichen des Dankes an die muslimischen Soldaten, die sich im Ersten Weltkrieg für Frankreich eingesetzt hatten, gebaut. Doch auch Nicht-Moslems werden als Gäste gerne empfangen und können im orientalischen Ambiente schwelgen. Dazu gibt es verschiedenste Möglichkeiten: Im Café wird auf niedrigen goldenen, ziselierten Tischchen wohlriechender *Thé à la menthe* (= frisch aufgegossener Pfefferminztee) zu nussig schmeckenden, oft mit Pistazien, Mandeln und Orangenblütenwasser ummantelten Honigteilchen gereicht. Das Café erstreckt sich sowohl über einen überdachten Innenhof als auch über einen idyllischen Außengarten mit knorrigen Feigenbäumen. Die Terrassentüren mit farbigem Glas sind oft zum Garten hin geöffnet und vergrößern den Raum. Wem der Duft nach Zimt, Koriander, Safran und anderen Gewürzen das Wasser im Munde zusammenlaufen lässt, kann sich in das Restaurant im hinteren Teil der Anlage begeben. Dort warten leckeres Lamm-Tajine oder Couscous, angerichtet in großen Keramiktöpfen.

Man überquert dabei einen wunderschönen Patio, einen orientalischen Innenhof, der mit Mosaiken und Springbrunnen dekoriert ist. Auch ein großzügiger Hamman, ein orientalisches Dampfbad zum Entspannen, sowie ein kleiner Bazar mit käuflichem, orientalischem Kunsthandwerk sind dort vorhanden.

Grande Mosquée de Paris · Restaurant 12–24 Uhr, Hammam (nur für Frauen) Mi–So 10–21 Uhr
39, Rue Geoffroy-Saint-Hilaire · Tel. 01 43 31 38 20 · www.la-mosquee.com · Métro Place Monge

Weine bis zum Abwinken beim Baron Rouge

»Tu reprendras bien un p'tit coup de rouge?« – *»Du nimmst noch ein kleines Glas vom Roten?«*, *das ist die meistgestellte Frage in dieser außergewöhnlichen Weinbar. Sie liegt am Rande des Marché d'Aligre« und besonders sonntags kann man hier fernab von Touristenzentren auf authentisches Pariser Großstadtleben treffen.*

Die Bewohner um den Marché d'Aligre hinter der Bastille sind so bunt wie der Markt selbst. Hier mischen sich nordafrikanische Großfamilien mit den »Bobos«. Der Begriff setzt sich aus *bourgois* und *bohémien* zusammen und bezeichnet die meist zahlungkräftigen und trotzdem leger wirkenden Intellektuellen von Paris. Den Markt gibt es schon seit dem 18. Jahrhundert an dieser Stelle. Wenn sonntags gegen Mittag die Einkaufstaschen gefüllt sind, geht man zur Belohnung erst einmal in die umliegenden Cafés und Bars des pittoresken Platzes. Unschlagbar lebhaft geht es dann im Baron Rouge zu. In der kleinen Weinbar sind Riesenfässer gestapelt. Die Wand rechts vom Eingang ist mit schwarzen Schiefertafeln gepflastert. Auf ihnen sind säuberlichst mit weißer Kreide Hunderte von Weinen aufgelistet. Sieht man die dazugehörigen niedrigen Preise an, fühlt sich der Gast um Jahrzehnte zurückversetzt. Nur wenige Besucher finden in dieser Bar Platz. Reservierung ist nicht möglich, dies hat eine Bar mit einer solchen Präsenz im Viertel nicht nötig. Die meisten Gäste stehen an den improvisiert aufgestellten Weinfässern vor dem Lokal. Es wird heftigst über die neueste französische Politik und über den jüngsten Tratsch »Wer mit wem?« diskutiert. Die »Bobos« setzen damit die Tradition des Hofes von Versailles fort. Wer ein »p'tit trou«, (= ein kleines Loch) im Magen hat, bekommt flugs einen leckeren Charcuterie- (= Wurst) oder Käseteller serviert. In den Monaten Oktober bis März wird es dann besonders französisch, wenn an den Wochenenden die Austern aus dem Bassin von Arcachon ankommen. Dann weichen manche Gäste gar mit Austernteller und Chablis auf eine Parkbank im daneben liegenden Square Armand Trousseau aus.

Baron Rouge · Mo 17–22 Uhr, Di–Fr 10–14 und 17–22 Uhr, Sa 10–22 Uhr, So 10–16 Uhr
1, Théophile–Roussel · Tel. 01 43 43 14 32 · Métro Ledru-Rollin

Das Hôtel du Nord – eine französische Filmlegende

»Atmosphère, Atmosphère« gehört zu den meistgehörten Filmzitaten in Frankreich. Dies ruft Arletty empört ihrem Zuhälter im Filmklassiker »Hôtel du Nord« zu, der 1938 von Marcel Carné gedreht wurde. Kaum an einem anderen Ort wird das alte Paris spürbarer als am idyllischen Canal Saint Martin.

Der 4,5 Kilometer lange Canal Saint-Martin überwindet mit seinen neun Schleusen über 25 Höhenmeter. Er wurde schon unter Napoléon Bonaparte gebaut, um die Seine zu entlasten. An seinen Ufern haben sich im 19. Jahrhundert kleine Industrie- und Handwerksbetriebe angesiedelt. Es war das Paris der kleinen Leute, und nicht wenige Cinéasten ließen sich dort von Millieustudien zu ihren Filmen inspirieren. Heute passieren keine Frachtschiffe mehr den Kanal. An ihre Stelle sind mittlerweile Touristenschiffe getreten, die in einem gemächlichen Tempo von sechs Stundenkilometern am malerisch eingewachsenen Ufer an zahlreichen Hausbooten und Anglern vorbeischippern.

Das Hôtel du Nord war ein am Quai de Jemmapes 1912 erbautes einfaches Hotel, in dessen Bistro die Arbeiter sich zum Mittagessen trafen. Der Schauplatz wurde für die Studioaufnahmen originalgetreu in einem Studio in Boulogne-Billancourt nachgestellt. In den 70er-Jahren sollte der Canal Saint-Martin einer Autobahn weichen und das mittlerweile heruntergekommene Hôtel du Nord abgerissen werden. Glücklicherweise konnten Bürgerinitiativen dies erfolgreich abwenden, zumal der Film mit seiner melodramatischen Liebesgeschichte und seiner prägnanten Millieuschilderung Kult wurde. Den jetzigen Besitzern, Guillaume und Stéphane, ist es gelungen, die Seele des Ortes zu wahren. Der authentische schwarz-weiß-getäfelte Boden lockt in das Bistro. Der Ort lässt sich besonders bei einem Brunch auf der Terrasse des Lokals genießen, am besten am Wochenende, wenn die Quais für den Straßenverkehr gesperrt sind. Dann kommt wirklich »Atmosphère« auf!

Hôtel du Nord · täglich 10–20 Uhr · 102, Quai de Jemmapes · Tel. 01 40 40 78 78
www.hoteldunord.org · Métro Gare de l'Est

78 Absolut-cool-Drinks in der Icebar

Im August, wenn die meisten Pariser in Urlaub sind, kann es in der Stadt schon recht heiß werden. Wem es nicht genügt, sich als Besucher unter den Wasserspritzanlagen des Paris-Plage, des alljährlich zwischen Mitte Juli und Mitte August stattfindenden Strandfestes, zu erfrischen, der kann gleich eine Art Iglu aufsuchen.

Hier ist der Cocktail garantiert kühl genug. Die coole Einrichtung des gehobenen Designerhotels Kube Hotel in einer eher heruntergekommenen Gegend stimmt schon auf die bevorstehende Temperatur in der ersten und einzigen Icebar von Paris ein. Ein durchgängiges Konzept aus dunklen, mit Leuchtstreifen versehenen Gängen und blendend hellen Zimmern manifestiert sich in der Anlage dieses Hotels. In Frankreich gibt es die Einrichtung einer Icebar nur noch in Bordeaux und an der Côte d'Azur. Das Eintauchen in »Ice Age« erfolgt folgendermaßen: Nachdem man Daunenjacke und Handschuhe verpasst bekommen hat und den Akklimatisierungsraum von 0 Grad durchschritten hat, zeigt sich die kleine Bar, deren Wände, Tresen, ja sogar Trinkgläser aus gefrorenem Eis gestaltet sind. Iglus und Pinguine aus Eis sowie andere Skulpturen lockern den Raum von unter 10 Grad minus auf. Der Künstler Michel Amann hat sich hier wie ein Bildhauer, der mit Kristallglas arbeitet, entfaltet. Die eisigen, transparenten Skulpturen werden durch farbige Lichtspielereien noch einmal aufgewertet. Der Gast erhält dann drei Cocktails auf Wodka-Basis, die entweder pur oder aber in ausgefallenen Geschmacksrichtungen wie Tarte Tatin, Banana Split oder Marzipan variiert werden. Wenn der Mund über die eisigen Glasränder auf den aufwärmenden Alkohol trifft, wird ein Erlebnis der besonderen Art erzeugt. Auch die Musik in dem etwa 20 Personen fassenden Eisraum wirkt durch die Kälte klarer. Nach cirka einer halben Stunde geht es wieder ab in die Wärme. Es ist fraglich, ob man diesen Vorgang wiederholen sollte, da einem die eigentlich nicht so stark wirkenden Wodka-Cocktails dann vielleicht doch zu Kopfe steigen könnten.

Icebar im Kube Hotel · Mi–Sa 19–1.30 Uhr, So 14–23 Uhr · 1–5, Passage Ruelle
Tel. 01 42 71 20 00 · 25 Euro · www.kubehotel-paris.com · Métro La Chapelle

Tanzen am Ufer der Seine

Schon seit einigen Jahren wird im Sommer am Quai St. Bernard getanzt. Und von Jahr zu Jahr schwingen mehr Pariser hier das Tanzbein. Touristen sind immer noch relativ wenig zu finden. Dabei bietet das kostenlose Vergnügen die beste Gelegenheit, mit Parisern in Kontakt zu kommen.

So ein Tanzabend lässt sich gut mit der Besichtigung des Square Tino Rossi beginnen. Dort sind über dreißig Skulpturen aus der zweiten Hälfte des 20. Jahrhunderts ausgestellt. Er ist nach dem 1983 im Alter von 76 Jahren verstorbenen Sänger und Schauspieler Tino Rossi benannt und geht in die begrünte Uferpromenade über. Diese wird von mehreren halbkreisförmigen, zum Wasser offenen Buchten unterbrochen. An Sommerabenden zwischen Mai und Oktober sammeln sich im Laufe eines Abends immer mehr Leute in den Rondellen. In jedem setzt ein anderes Musikabspielgerät ein. Die einen sitzen auf den Treppen und schauen zu, andere sind schon bereit für Swing, Tango, Rock, Walzer oder Salsa. Viele haben ein kleines Picknick dabei. Da soll noch einmal einer sagen, die Franzosen wären steif. Es verwundert, wie viele recht geschickt tanzen können. Doch niemand schert sich um Leute, die das weniger beherrschen. Manchmal kommen sogar Tanzlehrer vorbei, die kostenlos Schrittfolgen zeigen. Erstaunlich auch, wie verschiedenartig die Tänzer wirken und welch unterschiedlichen Generationen und Kulturen sie entspringen. Da tanzt eine ältliche kleine Dame, ein Art Bernardette-Chirac-Verschnitt, neben einem Bob-Marly-Typ, der leicht ihr Enkel sein könnte. Während Paartanz noch vor Jahren bei Jüngeren verpönt war, sind besonders Tango und Salsa – auch in anderen Parks und gegenüber dem Eiffelturm – der große Renner. Der Romantikfaktor fehlt natürlich nicht, wenn neben der im Sonnenuntergang reflektierenden Seine die Stimme Tino Rossis erklingt: »Le plus tango du monde, c'est celui, que j'ai dansé dans vos bras« (= Der schönste Tango der Welt, ist derjenige, den ich in Ihren Armen getanzt habe).

Square Tino Rossi · Mai–Okt. ca. ab 20 Uhr, nur bei schönem Wetter · Quai Saint-Bernard
www.carmencita.fr · Métro Jussieu

80 Tee für Schnurrbartträger

Im Paris des 19. Jahrhunderts trug der Herr von Welt Schnurrbart. Doch wie konnte man das Gesicht wahren, wenn bei der Einladung zur Teatime diese sorgfältig mit Wachs gezwirbelte Dekoration dem Dampf und der Feuchtigkeit des Teegenusses zum Opfer fiel?

Die Lösung waren sogenannte Barttassen, die zwischen 1860 und 1920 in Mode kamen: Durch einen waagrechten Steg am inneren Tassenrand wurde beim Teegenuss der Bart nicht in die Flüssigkeit getaucht, und das Prachtstück im männlichen Gesichte behielt seine Form. Besonders zu schätzen wussten dies auch die Brüder Henri und Eduard Mariage, die 1854 den Grundstein zu ihrem Teeimportgeschäft legten, das mittlerweile zu einem weltweiten Unternehmen angewachsen ist. Die Brüder selbst nutzten diese Tassen für Herren nicht nur bei Degustationen ihrer »Grand Crus«, sondern sammelten diese Art Tassen, wie auch alle möglichen Ge-

genstände rund um das Thema Tee. Erst Henris Enkelin kam in den 80er-Jahren des 20. Jahrhunderts auf die Idee, den ersten Teesalon in Paris zu eröffnen. Der Erfolg dieser wunderschönen, im Kolonialstil eingerichteten Lokale, in denen man nicht nur Tee trinken, sondern auch Tee kaufen konnte, war so groß, dass es mittlerweile über ein Dutzend Lokale in Paris gibt, die unter dem Namen Mariage Frères (»Gebrüder Mariage«) laufen. Zwischen edlen dunklen Hölzern und unter zimmerhohen Palmen ist es möglich, das Frühstück oder den Lunch einzunehmen. Zugegeben, die Preise sind nicht günstig, dafür wird man von Sommeliers in weißen Leinen-Jackets über die 600 angebotenen Teesorten beraten. Unter Verzicht auf eine aufwendige Verpackung ist ein Päckchen Tee als Mitbringsel vom Parisbesuch aber immer noch erschwinglich. Schließlich wird dieser Tee auch im berühmten Hotel Ritz oder in der First Class von Japan Airlines angeboten, und das will etwas heißen. Aber nun zurück zu den Barttassen: Diese sind in dem kleinen Musée du Thé im Mariage Frères neben einer Sammlung von wunderschönen Teekannen und ähnlichen Gegenständen rund um das Thema Tee zu bestaunen.

Comptoir du Thé, Restaurant, Salon du Thé, Musée du Thé · täglich 10 –19 Uhr · 30, Rue du Bourg-Thibourg 4e · Tel. 01 42 72 57 25 · www.mariagefreres.com · Métro Saint-Paul

81 Blick aufs Herz der Stadt

Paris kann mit einer schönen Silhouette aufwarten. Einer der beeindruckendsten Ausblicke auf die Stadt mit den Seine-Inseln im Vordergrund eröffnet sich vom Dach des Institut du Monde Arabe. Im Hintergrund ragen verschiedene Kuppeln, Eiffelturm und die Skyline der Hochhäuser von La Défense aus dem Häusermeer empor.

Es muss nicht unbedingt der Eiffelturm sein, um nach stundenlangem Anstehen den Blick von oben auf die Stadt zu genießen. Eine atemberaubende Dreiviertel-Draufsicht in entspannter Umgebung und dazu noch gratis kann man vom Institut du Monde Arabe aus haben. Der Weg zum Institut, das zur Völkerverständigung zwischen Frankreich und vielen arabischen Ländern 1987 eingerichtet wurde, lohnt sich auf dreifache Weise: Einmal wegen der gelungenen Architektur. Das leicht wirkende, riesige gläserne Gebäude des Architekten Jean Nouvel nimmt die Biegung der parallel verlaufenden Seine auf. Der Clou sind die Diafragmen an der Glasfläche, die nicht nur eine Verbeugung vor der arabische Architektur darstellen, sondern sich auch nach Sonnenstellung eigenständig öffnen und schließen. Der zweite Grund ist das reichhaltige, anregend aufgemachte Informationsangebot zur arabischen Kultur in Form von Museum, Filmen, Bücherei und Sonderausstellungen, wie zum Beispiel einer über den Orientexpress. Und der dritte Grund ist eben die fantastische Aussicht über Paris. Auch ohne Eintrittskarte zum Museum kann man in den gläsernen Aufzug steigen, der einen direkt aufs Flachdach in die 9. Etage bringt, auf der sich auch das Restaurant Zyriab befindet. Sofort fällt die Ostseite von Notre-Dame mit ihrem raffinierten Strebewerk ins Auge, und man bekommt das Gefühl, die gotische Architektur das erste Mal richtig verstanden zu haben.

> ▶ Es immer möglich, den Ausblick auch bequem im Sitzen bei einem arabischen Minztee oder einem libanesischen Essen im verglasten Restaurant Zyriab zu genießen. Di–Sa 11–23 Uhr, Tel. 01 55 42 55 42, www.noura.com.

Institut du Monde Arabe · Di–So 10–18 Uhr, Fr 10–21.30 Uhr, Sa, So 10–19 Uhr · 1, Rue des Fossés-Saint-Bernard · Tel. 01 40 51 38 38 · www.imarabe.org · Métro Jussieu

82 — Über 5000 Jahre alte Schiffe gefunden

Lange Zeit nahm man an, dass Paris, während der römischen Besatzung Lutetia genannt, an die 2000 Jahre alt wäre. Seit der Anlage des östlich gelegenen Parc de Bercy hat man durch einen sensationellen Fund gemerkt, dass man sich damit ungeheuer geirrt hatte.

In den 90er-Jahren hat man in Bercy in der Nähe des heutigen Finanzministeriums an der Stelle, an der einst das größte Weindepot der Stadt lag, den 14 Hektar großen Parc de Bercy angelegt. Bei den Aushubarbeiten ist man 1991 auf ein altes Dorf aus dem Neolithikum, der Jungsteinzeit, gestoßen. Reste der Holzhütten mit einigem Inventar sowie an die zehn noch relativ gut erhaltene Pirogen kamen zum Vorschein. Man konnte anschließend an den Oberflächenstrukturen nachweisen, dass diese Einbaumboote aus den Stämmen von Eichen durch Aushöhlen mit Feuer und anschließender Bearbeitung mit Steinwerkzeugen entstanden sein müssen. Nach

jahrelanger Forschung und Pflege wurden sie schließlich im Jahre 2000 in das Musée Carnavalet gebracht, ein Museum im Marais, das sich ganz der Geschichte von Paris verschrieben hat. Das Gebäude an sich, das ehemalige Stadtpalais der bekannten Salondame Madame Sevigné, ist schon eine Sehenswürdigkeit. Hier liegen die über fünf Meter langen, teilweise fragmentarischen Stücke der dunklen Boote in klimatisierten Vitrinen. Weltweit gehören sie zu den ältesten Schiffen, die jemals gefunden wurden, und es ist schon eine interessante Vorstellung, dass Fischer mit diesen Booten schon vor einigen Jahrtausenden auf der Seine fuhren. Daneben finden sich Jagdbogen aus Holz, polierte Steine und Keramiken. Neben der archäologischen Abteilung in der Orangerie des Hotels Le Peletier de Saint-Fargeau hat dieses Gratismuseum, das in zwei herrschaftlichen Stadtpalais untergebracht ist, in einem von denen einst Madame Sévigné residierte, noch so einiges andere zur Stadtgeschichte zu bieten. Besonders hervorzuheben sind Modelle und Bilder, die die Entwicklung der Stadt über die Jahrhunderte hinweg dokumentieren. Dabei fehlt weder das Modell einer Guillotine noch das nachgebaute Schlafzimmer Marcel Prousts.

Musée Carnavalet - Histoire de Paris · Di–So 10–18 Uhr · 16, Rue de Franc Bourgeois
Tel. 01 44 59 58 58 · www.carnavalet.paris.fr · Métro Saint-Paul

Der älteste Kreuzgang von Paris

83

Hinter hohen Kirchenmauern befindet sich im Cloître des Billettes der älteste Kreuzgang von Paris. Zwischen den gotischen Arkaden wandelnd, die den gepflasterten Hof von vier Seiten umgeben, erfährt der Besucher beschauliche Kontemplation.

Mittelalterlicher Aberglaube und Judenfeindlichkeit prägen die Geschichte, wonach an Ostern 1290 ein jüdischer Wucherer eine geweihte Hostie als Pfand nahm. Hostienschändung, und damit Frevel am Leib des Herrn, galten als Todsünde. Der Geldverleiher erlaubt sich, die Hostie mit dem Messer zu durchbohren – Blut fließt heraus. Er setzt seine Zerstörungswut fort und schleudert sie ins Feuer, woraus sie unversehrt emporsteigt. Als er sie schließlich in kochendes Wasser wirft, verfärbt sich diese blutrot, und das Angesicht Jesu ist im Wasser zu erkennen. Zur Strafe landet der frevlerische Jude auf dem Scheiterhaufen, und ein frommer Bürger lässt ein paar Jahre später auf dessen Haus eine Sühnekapelle errichten. In Windeseile verbreitet sich die Geschichte des »Wunders von Billettes« in ganz Europa, und Pilger strömen nur so herbei, sodass die Barmherzigen Brüder der Charité de Notre-Dame sich 1427 hier sogar einen Kreuzgang leisten können. *Billettes* steht dabei für die Plättchen, ein Schmuckelement auf deren Ordenstracht. Die Französische Revolution bereitete dem Kloster, das zwischenzeitlich in den Händen des Karmeliterordens war, schließlich ein Ende.

In den Klostergebäuden wurde eine staatliche Schule eingerichtet, und die Kirche wurde protestantisch, was sie noch heute ist. Die blutrünstige, antisemitische Legende war so bekannt, dass ein Glasfenster in der Kirche St. Étienne-du-Mont davon erzählt. Dort befindet sich auch ein einzigartiger gotisches Lettner (Trennwand zwischen Altarraum und Gemeinde). Wer sich für Kreuzgänge interessiert, dem sei der Cour du Mûrier (»Hof des Maulbeerbaumes«) in der Anlage der École des Beaux-Arts empfohlen. Dieses Augustinerrelikt im florentinischen Stil aus dem 17. Jahrhundert kennen die wenigsten Pariser.

Cloître des Billettes · täglich 11–19 Uhr · 24, Rue des Archives · Tel. 01 40 72 38 79
Métro Hôtel de Ville

Königlich entlohnter Sexualkundeunterricht

Die Sicherung der Nachkommenschaft war eine wichtige Staatsaufgabe der französischen Könige. Man ließ sich zur Erfüllung dieser Aufgabe so manches einfallen. Eines der schönsten Stadtpalais des Marais, das Hôtel Beauvais zeugt heute noch davon.

Königin Anne d'Autriche, Gattin von Louis XIII und Mutter des legendären Sonnenkönigs Louis XIV musste ganze 22 Ehejahre bangen, bis sie Mutter wurde. Kinderlosen Königinnen drohte damals die Verbannung ins Kloster. Um ihrer zukünftigen Schwiegertochter ein ähnliches Schicksal zu ersparen, griff sie zur List und beauftragte ihre erste Kammerzofe, Catherine de Bellier, ihren Sohn, den späteren Ludwig XIV, im Alter von etwa 15 Jahren in die Liebe einzuführen. Übrigens galt Catherine damals schon als recht alt, einäugig und nach Quellentexten als ziemlich hässlich. Die Aktion war erfolgreich, schließlich zeugte der Sonnenkönig 17 nachgewiesene Kinder. Als Dank dafür erhielt die Kammerzofe das Stadtpalais und eine Leibrente von 2000 Livres im Jahr. Das Palais ist zwar nach ihrem Ehemann Pierre Beauvais benannt; im Fries des Schlösschens werden aber Widderköpfe alternierend mit Löwenköpfen dargestellt, ein Hinweis auf den Namen der Kammerzofe, denn *bélier* heißt »Widder«.

Betritt man den Hof des Palais von 1654 (Antonio Le Pautre), fallen die zwei steinernen Frauenköpfe an der Fassade besonders auf. Während links die Königin dargestellt wird, die als sehr schön galt, nimmt der Besucher erst einmal an, dass der linke Frauenkopf etwas verwittert ist. Kennt man aber die Geschichte, kennt man auch den wahren Grund für die Art der Darstellung. Leider ist Catherine nach dem Tod ihres Mannes trotz der großzügigen Belohnung durch die Königin verarmt gestorben, da sie recht verschwenderisch lebte. Die bronzene Plakette auf der linken Seite des Hofes weist übrigens darauf hin, dass im Jahre 1763 das Wunderkind Mozart im Alter von 7 Jahren dort wohnte. Er wurde vom damaligen bayrischen Botschafter eingeladen, der hier ab Mitte des 18. Jahrhunderts residierte.

Hôtel de Beauvais, nur von außen zu besichtigen · Métro Saint-Paul

large
Kaufen und Gutes tun

Der Reichtum, den Paris ausstrahlt, ist nicht für alle da. Spätestens beim Anblick mancher Clochards in Métroschächten wird das dem Besucher klar. Warum nicht auch einmal Secondhand-Ware kaufen und dabei Leuten, denen es materiell schlechter geht, helfen? Die Emmaüs-Boutiquen, die es in ganz Paris gibt, machen es möglich.

Der charismatische, katholische Priester Abbé Pierre (1912 bis 2007) hat die staats- und konfessionsunabhängige Organisation Emmaüs schon 1949 gegründet. Sein Konzept der Hilfe ist ebenso verblüffend einfach wie erfolgreich. Obdachlose werden handwerklich angelernt, Secondhand-Ware herzurichten. Aus dem Verkaufserlös erhalten sie Kost und Logis. Sie können sich soweit »hocharbeiten«, bis sie sich wieder vollständig unabhängig in die Gesellschaft eingliedern. Es handelt sich also um Hilfe zur Selbsthilfe. Auch ist es in Frankreich selbstverständlich, halbwegs intakte Dinge wie Bücher, Kleidung, Haushaltsgeräte und Möbel, die man los werden will, dort abzugeben. In den Emmaüs-Läden werden sie dann schön restauriert und zu trotzdem noch recht günstigen Preisen verkauft. Das ist dermaßen angesagt, dass selbst in großbürgerlichen Pariser Haushalten das eine oder andere Objekt aus einer Boutique Emmaüs kommt. Mittlerweile gibt es allein in Paris 12 Boutiquen der Organisation. Einer der schönsten und lichtdurchfluteten Läden befindet sich im erst 2008 entstandenen Kulturzentrum Cent Quatre, das für moderne Performance-Künste, Ausstellungen und Konzerte steht. Hier türmen sich Kleinmöbel, Accessoires, Geschirr und Kleidung. Wer Spaß an Secondhand und Flohmärkten hat, kann stundenlang stöbern. Ein Souvenir ist allemal drin, zumal in französischen Haushalten oft etwas andere Objekte stehen. Je nach Verweildauer kann man interessante Schnäppchen ergattern. Ein gutes Gefühl ist es allemal, wenn man weiß, dass man durch den Kauf etwas Gutes getan hat. Interessanterweise hat sich diese Organisation weltweit bereits auf über 43 Länder ausgebreitet.

L'Appartement Emmaüs au 104 · Mi–Fr 15–19 Uhr, Sa 12–19 Uhr · 5, Rue Curial
www.evous.fr · Métro Riquet

86 Lianenzopf schlängelt sich über die Seine

Gegensätzlicher können zwei Brücken nicht sein: Während die vor 400 Jahren entstandene älteste Brücke Pont Neuf in ihrer Wuchtigkeit eher an eine Trutzburg denken lässt, erinnert die 2006 fertiggestellte 37. Brücke von Paris, die Passerelle Simone-de-Beauvoir, eher an zwei locker gespannte Lianen.

Der in Paris lebende, österreichische Architekt Dietmar Feichtinger (geb. 1961) hatte die Auflage, zwischen Bercy und der Französischen Nationalbibliothek eine Fußgängerbrücke zu bauen, die ohne Stützpfeiler in der Seine auskommt. Grund dafür ist, dass durchfahrende Frachtschiffe an diesem östlichen Ende nicht behindert werden sollen, da die Schiffe den Warentransport im Stadtverkehr immer noch entlasten. Die 12 Meter breite Brücke misst immerhin über 300 Meter, ohne in der Mitte getragen zu werden. Schon das allein ist eine Kunst! Aber noch raffinierter ist die Ästhetik

des zweigeschossigen Bauwerks, das sowohl Hänge- als auch Bogenbrücke ist. Dies hat wiederum mit der durchdachten Funktion zu tun, als Fußgänger sowohl auf der erhöhten Straße als auch auf der niedrigeren Uferpromenade ankommen zu können. Überhaupt ist es ein besonderes Erlebnis, auf den Eichenbohlen, die noch von den gefallenen Bäumen des großen Sturms von 1999 stammen, zu marschieren. Das wellenförmige Auf und Ab ist eine besondere Fortbewegungsart, die man sonst kaum von der Überquerung einer anderen Brücke kennt. Die Bögen bilden einen organisch wirkenden Kontrast zu den kantigen Gebäudekomplexen der Nationalbibliothek, deren mächtige vier Türme wie aufgeschlagene Bücher in den Himmel ragen. Einen besonders schönen Blick auf die Brücke hat man von der Quai de la Gare in der Nähe des in der Seine schwimmende Bades Piscine Josephine Baker. Das verglaste Dach des Bades öffnet sich im Sommer über dem 25 Meter langen Becken. Von dort sieht man gut, wie obere und untere Brücke sich in der Mitte treffen, einander schneiden und sich wieder trennen. Die helle Metallstruktur des Geländers sowie die leichten Rohre, die untere und obere Brücke voneinander trennen, verleihen der Brücke zusätzliche Leichtigkeit.

Passerelle Simone-de-Beauvoir · Métro Quai de la Gare

# 87 Ein Dorf in der Stadt

Der Village Saint-Paul ist streng genommen kein Dorf, sondern eher mit den Hackeschen Höfen in Berlin vergleichbar. Was dörflich erscheint, ist die Ruhe, die beim Eintreten dieses Areals hinter der Kirche Saint-Paul herrscht, während davor noch der Verkehr auf der Rue Saint-Antoine Richtung Bastille rauscht.

Über den Seitenausgang der Kirche Saint-Paul gelangt man in die Rue Saint-Paul und erkennt rechts oben, dass die immense Brandmauer an der kleinen Kreuzungsstraße Rue Neuve-Saint-Pierre einmal eine gotische Kirche gewesen sein muss, da die Umrisse des einstigen Kirchenfensters noch gut sichtbar sind. Die Mauer gehörte zur Kirche Saint-Paul-des-Champs, die die Revolutionäre zerstörten. Wenn man dann von der Kirchenruine nach rechts Richtung Seine schaut, so fällt auf, dass die rechte Seite der Rue Saint-Paul von bunten Fähnchen mit dem Aufdruck Village Saint-Paul gesäumt ist. Diese markieren die Eingänge zum ehemaligen Kirchengelände. In einem dieser Eingänge hängt ein Lageplan mit den fünf in verschiedenen Farben gekennzeichneten Hinterhöfen. Darunter sind auch die 80 verschiedenen Lokalitäten gelistet, die sich grob in Antiquitätenläden, Kunstgalerien, Dekorationsläden sowie Cafés und Restaurants unterteilen lassen. Es lässt sich vorzüglich bummeln in den mit Bäumen versehenen, gepflasterten Höfen. Neben außergewöhnlichen Antiquitätenläden mit Kleinmöbeln, Geschirr, Baccharat-Gläsern und Silberwaren à la française finden sich moderne Kunstgalerien, handgemachter ausgefallener Schmuck und Heimaccesoires aller Art. Im Petit Bonheur le Chance gibt es herrlich altmodische Schulwaren wie Zaubertafeln und Kleber mit Mandelgeruch. In der Boutique des Inventors kann man ausgefallene Mitbringsel finden. Höhepunkt ist jedoch der manchmal sonntags stattfindende Flohmarkt, einer der schönsten von Paris. Dann sind die Cafés im Village, wie das Montecao, ein zwischen zwei Gebäuden liegender, verglaster Bau, ebenfalls gut besucht.

Le Village Saint-Paul · Do–Di 7–21 Uhr · 26, Rue Saint-Paul · www.levillagesaintpaul.com
Métro Saint-Paul

Ein Engländer, der »die Durstigen tränkte«

88

Die Wasserversorgung von Paris stellte seit jeher ein schwieriges Problem dar. Ausgerechnet ein wohltätiger, reicher Engländer, Sir Richard Wallace (1818 bis 1890), eröffnete mit seinem nach ihm benannten Brunnen gegen Ende des 19. Jahrhunderts der breiten Bevölkerung den Zugang zu sauberem Trinkwasser.

Nachdem die römischen Aquädukte verschwunden waren, trank man im mittelalterlichen Paris das Wasser aus der Seine. Dorthin floss aber auch jegliche Art von Abwasser, was oft verheerende Epidemien ausbrechen ließ. Dies führte dazu, dass man östlich der Stadt, also Seine-aufwärts, das noch sauberere Trinkwasser besorgte und in der Stadt teuer verkaufte. Ab dem 8. Jahrhundert gab es einige Brunnen, die von unterirdischen Quellen gespeist wurden. Einer der bekanntesten ist die Fontaine des Innocents, ein Renaissance-Brunnen an den Hallen von 1549. Die wirklich rettende Lösung fand Präfekt Haussmann ab Mitte des 19. Jahrhunderts, indem er ein umfassendes Abwasserkanalnetz für Paris baute. Teile davon sind übrigens auch zu besichtigen.

Während des deutsch-französischen Krieges 1870/71 gab es jedoch einen herben Rückschlag, da viele Rohre zerstört wurden und die arme Bevölkerung zudem eher billigen Fusel als schmutziges Wasser zu sich nahm. Der wohlhabende Wahlpariser Sir Richard Wallace setzte zu dieser Zeit große Teile seines Vermögens für wohltätige Zwecke wie den Bau eines Krankenhauses und die Versorgung der Verletzten ein. Ihm war klar, dass die Gesundheit der einfachen Menschen nur dauerhaft gestärkt werden konnte, wenn sie kostenlosen Zugang zu sauberem Trinkwasser hatten. Er ließ nicht nur zahlreiche Brunnen im gesamten Stadtgebiet bauen, sondern entwarf auch eigenhändig deren Gestalt, da ihm viel an der Schönheit der Stadt lag. Die vier Frauenskulpturen seiner Brunnen symbolisieren Güte, Einfachheit, Wohltätigkeit und Nüchternheit. Von diesen Lebensmaximen des Wohltäters profitieren heute alle Passanten.

Die Trinkwasserbrunnen sind überall im Stadtgebiet verteilt, z.B. an der Place Émile Goudeau
Métro Abbesses

89 »Ich liebe dich« sagt man in jeder Sprache

Die »Stadt der Liebe« wird gerne als Zielort und Fotokulisse für Liebespaare genommen. Deutlicher als der »Je t'aime«-Stein sagt es kaum ein anderer Ort. Auf 40 Quadratmetern stehen in über 300 Sprachen die berühmten drei Worte »Ich liebe dich«. Nach einer Idee des Musikers Frédéric Baron hat die Kalligraphie-Künstlerin Claire Kito diese Worte im Jahre 2000 mit weißer Schrift auf schwarzen Lavatafeln verewigt.

Die dazwischen verstreuten roten Splitter sollen für die Teile eines zerbrochenen Herzens stehen. Die Mauer lässt sich gut von einem Bänkchen des winzigen Parks Jean Rictus besichtigen.

Mural des Je t'aime · Square Jean Rictus · Métro Abbesses

90 Merkur zwischen romanischen Mauern

Viele, die es zu Sacré Cœur am Montmartre zieht, übersehen die auf den ersten Blick unscheinbare Kirche Saint-Pierre, eines der ältesten Gotteshäuser von Paris. Genau dort, an der höchsten Stelle von Paris, stand ein römischer Tempel, der dem Merkur geweiht war. Bemerkenswerterweise hat man vier Säulen stehen gelassen und in die jetzige Kirche integriert. Besonders die zwei Säulen am Eingang in dunklerem Granit und mit merowingischen Kapitell fallen auf. Erholsam ist es auch, sich vom Touristenstrom der benachbarten Place du Tertre abzusetzen und zu beobachten, wie die Sonne ein farbiges Lichtspiel veranstaltet, wenn ihr Licht durch die Glasfenster gebrochen wird.

Église Saint-Pierre de Montmartre · täglich 9.30–19 Uhr · 2, Rue du Mont Cenis · Métro Abbesses

Ein großer deutscher Dichter im Pariser Exil

»Wo wird einst des Wandermüden - Letzte Ruhestätte sein? Unter Palmen in dem Süden? Unter Linden an dem Rhein?« So steht es in Marmor eingemeißelt auf der Grabplatte von Heinrich Heine. An keinem der beiden genannten Orte nahm das Leben des berühmten Dichters ein Ende, sondern hier in Paris im Exil.

Der Friedhof von Montmartre gilt nach dem Friedhof Père Lachaise und dem Friedhof Montparnasse als der drittgrößte der Stadt. Auch hier erwartet den Besucher eine mystisch-romantische Totenstadt mit melodramatischen Grabfiguren und protzigen Grabmälern sowie eng gestellten, verfallenen und bemoosten Grabsteinen, auf denen sich Katzen sonnen. Der wohl einzige Grabstein, der kein französisches Wort enthält, zieht die deutschsprachigen Besucher an. Unmittelbar in der Nähe des Grabes des großen Komponisten Hector Berlioz fällt eine weiße Säule mit Büste von Heinrich Heine am gleichnamigen Weg Avenue Berlioz auf (Lagepläne gibt es am Eingang).

Deutschlandkritische Schriften des Journalisten und Dichters zwangen ihn, ab 1831 bis zu seinem Tode 1856 in Paris zu leben. Die Liebe zu seinem Vaterland und seine ambivalente Einstellung zu den damaligen politischen Zuständen seiner Heimat wurden damals nicht verstanden, wie es in *Deutschland. Ein Wintermärchen*, das er 1844 nach einem Deutschlandbesuch im Pariser Exil verfasste, zu lesen ist. Im Gegensatz zu den reaktionären und nationalistischen Tendenzen in Deutschland konnte er in Paris freiere Luft atmen. So schreibt er schon bei seiner Ankunft 1831: »Ich befinde mich wie Heine in Paris ..., sogar die Schrecknisse, die man im eigenen Herzen mitgebracht, verlieren dort ihre beängstigenden Schauer«. Dies verspürte er besonders durch den Umgang mit Literaten und Künstlern wie Victor Hugo, Frédéric Chopin oder Hector Berlioz. Die Maison Heinrich Heine, eine Kultureinrichtung der Cité Université, bietet regelmäßig Führungen zu den verschiedenen Wohnstätten des Dichters an.

Friedhof Montmartre · Mo–Fr 8–18 Uhr, Sa 8.30–18 Uhr, So 9–18 Uhr
www.maison-heinrich-heine.fr · Métro Blanche

92 Der Mann, der durch die Mauer ging

Der Montmartre-Besucher, der über die Métro-Station Blanche und Rue Lepic – sozusagen über den Hintereingang – den Hügel erklimmt, trifft auf den ruhigen Platz Marcel Aymé und nimmt eine bronzene Figur wahr, die gerade dabei ist, sich aus der Mauer herauszuschälen.

Natürlich will er wissen, was es mit dieser Figur auf sich hat und blickt auf die darunter befindliche Steintafel, die den Bildhauer Jean Marais und das Entstehungsdatum 1989 ausweist. Jean Marais – der Schönling und berühmte Schauspieler der 30er- bis 90er-Jahre? Genau der, er hat sich hier gegen Ende seines Lebens als Bildhauer versucht. Trotzdem ist das Rätsel um diese verwunderliche Figur noch nicht gelöst: Aufschluss darüber gibt vielmehr eine andere Tafel an einer Häuserwand dieses Platzes, die aufzeigt, dass der Schriftsteller Marcel Aymé bis zu seinem Tode 1967 hier gelebt hat. Dieser war wiederum der Verfasser der Novelle *Passe-Muraille* (»Der Mann, der durch die Mauer geht«) von 1943. Es handelt sich hierbei um eine spritzig geschriebene Geschichte, die fast ausschließlich am Montmartre spielt und deshalb viel Lokalkolorit aufweist: Die Hauptperson Monsieur Dutilleul wird als schrulliger Junggeselle gezeichnet, der in einem Amt als kleiner Verwaltungsangestellter arbeitet. Eines Tages erlebt er in seiner Wohnung in der Nähe der heutigen Place Marcel Aymé einen Stromausfall. Auf der Suche nach dem Sicherungskasten tastet er sich die Wand entlang und bemerkt, dass er die außergewöhnliche Fähigkeit besitzt, durch Wände gehen zu können. Aus diesem Talent enwickelt sich eine witzige Handlung, im Laufe derer er u.a. zum stadtbekannten Bankräuber avanciert. Die Skulptur *Passe-Muraille* kann somit als Hommage des Schauspielers an den Dichter verstanden werden. Aber schon viel früher erhielt diese Novelle eine Ehrung, indem sie in stark abgewandelter Form 1959 als *Ein Mann geht durch die Wand* mit Heinz Rühmann in der Hauptrolle verfilmt wurde.

Passe-Muraille · Place Marcel Aymé · Métro Blanche

Auf einen Kaffee zu Amélie

93

Seit der Erfindung des Films gilt Paris als beliebte Kulisse. Kaum ein Film hat das Klischeebild der Pariserin mehr genährt als der Film *Die fabelhafte Welt der Amélie* (2001).

Im Café des 2 Moulins im rot-gelb beleuchteten Stil der 50er-Jahre lächelt einem Amélie auf dem Filmplakat entgegen. Man erinnert sich, dass das Mädchen, das die Welt mit im Geheimen vollbrachten guten Taten verbessern wollte, mit der gleichen sorglosen Leichtigkeit die karamellisierte Kruste ihrer Crème brulée knackte. Dieses Dessert steht natürlich immer noch auf der Menükarte.

Café des 2 Moulins · Mo–Fr 7.30–1 Uhr, Sa 8–1 Uhr, So 9–1 Uhr · 15, Rue Lepic
Tel. 01 42 54 90 50 · Métro Blanche

Dreck-weg

94

Täglich fließt auf ebener Strecke Wasser den Rinnstein entlang. Teilweise gibt es größere Pfützen, teilweise liegen alte Stoffballen und Teppichrollen, die das Wasser lenken sollen, daneben. Mancher Parisbesucher kommt aus dem Staunen nicht heraus. Das aufbereitete Wasser aus der Seine sprudelt dabei in regelmäßigen Abständen mit viel Druck aus den Gullis und schwemmt Abfälle wie Métrokarten, Zigarettenkippen, Hundekot oder Laub mit weg. Teilweise helfen Straßenarbeiter mit Reisigbesen nach. Morgens werden die Gehsteige von den *laveuses de trottoirs*, kleinen Waschautos, gründlich abgespritzt. Diese Methoden funktionieren bestens. Da soll noch einmal einer sagen, Paris sei keine saubere Stadt!

Überall im Stadtgebiet

95 Hier wird die Romantik gefeiert

An Orten, an denen sich die Touristen nur so drängen, geht oft die vielbeschworene Romantik von Paris ziemlich verloren. Nicht so im Musée de la Vie Romantique. In diesem herrschaftlichen Landhaus trafen sich im 19. Jahrhundert berühmte Künstler der Romantik, und der Besucher erhält im idyllischen Garten eine Ahnung davon.

Nur wenige internationale Touristen finden den kleinen gepflasterten Weg zu dem versteckt liegenden Musée de la Vie Romantique. Der holländische Maler Avy Scheffer (1795 bis 1885) hat hier ab 1830 lange Zeit gelebt und wöchentliche Salons abgehalten, bei denen er die ganz großen – oft in der Nachbarschaft wohnenden – Künstler der Epoche der Romantik versammelte, darunter auch die Maler Eugène Delacroix und Ingrès sowie den Dichter Charles Dickens oder die Musiker Berlioz, Liszt oder Rossini. Eine herausragende Stelle nahm dabei vor allem George Sand ein (1804 bis

1876), eine Schriftstellerin und Journalistin. Dass sie sich ein männliches Pseudonym zulegte und teilweise in Männerkleidung auftrat, war ihr Markenzeichen. Natürlich hatten ihre Texte einen dementsprechend feministischen Unterton. Ihre Liebesbeziehung mit Frédéric Chopin (1810 bis 1849) war legendär, und nicht selten besuchten die beiden das Haus, das nun Museum ist und in dem in einem Glaskasten ihr Arm und Chopins Hand in Wachsguss gezeigt werden. Wertvolle Möbel, Erinnerungsstücke und Alltagsgegenstände aus dieser spannenden Epoche bereichern das Gratismuseum, das von Stardesigner Jacques Garcia aufwändig restauriert wurde. Nachdem man in die glanzvolle Welt des 19. Jahrhunderts eingetaucht ist, sollte man unbedingt noch das Gartencafé mit gusseisernem Wintergarten, das ehemalige Atelier des Künstlers, besuchen und die Eindrücke noch etwas nachwirken lassen. Im üppigen Garten, in dem Clematis, Flieder, Rosenstöcke und Glyzinien miteinander wetteifern, kann der Besucher einen *karkadé*, ein ägyptisches Erfrischungsgetränk auf der Basis von Hibiscus und Zimt, genießen und seinen romantischen Gedanken freien Lauf lassen. Diese Idylle ist zu einem der verstecktesten Gartencafés von Paris geworden.

Musée de la Vie Romantique · Di–So 10–18 Uhr · 16, Rue Chaptal · Tel. 01 55 31 95 67
Café »Un Thé dans le Jardin« · März–Oktober, Di–So 10–17.30 Uhr · Métro Saint-Georges

Bibliothek als Zufluchtsort

Wer in Ruhe in französischen Zeitschriften schmökern oder ohne klapperndes Geschirr im Hintergrund surfen möchte, tut gut daran, eine der 75 städtischen Bibliotheken aufzusuchen. Zehn Gehminuten von der Métro Anvers entfernt, findet der Besucher in der »Bibliothèque Chaptal« eine Oase der Ruhe.

Pariser, die gerade nicht in diesem »Quartier« wohnen, kennen diese schmucke Bibliothek meist nicht. Deshalb verirrt sich kaum ein Tourist in das ehemalige Stadtpalais in der Nachbarschaft des Musée de la Vie Romantique (s. S. 180), zumal es nur durch einen kleinen gepflasterten Weg über den Hof zu erreichen ist. Das Hôtel de Serrigny wurde 1780 errichtet. Nachdem lange Zeit die Schule für Brandschutz hier ihren Sitz hatte, wurde 2008 eine städtische Bibliothek eingerichtet. Geflohen vor dem manchmal fast unerträglichen Gedränge zu Füßen der Sacré Cœur, nimmt man gleich Platz in einem der bequemen Ledersessel und lässt seinen Blick schweifen: Der hohe, in ein Schloss passende Raum weist ein großes rundes Oberlicht auf, das die zarten Farben der Wandmalereien sanft beleuchtet. Wie es damals Mode war, sind die vier Jahreszeiten dargestellt. Der prächtige Kamin ist dem vom Schloss von Fontainebleau nachempfunden. Zeitungen und Zeitschriften liegen aus, derer man sich bedienen kann. Wie die meisten Bibliotheken hat diese eine freie WLAN-Zone. In Paris sind über 400 öffentliche Plätze mit freiem WLAN ausgestattet, wobei die vielen Cafés und Selbstbedienungslokale nicht eingerechnet sind. Alle diese Hotspots in der Stadt sind mit Schildern, auf denen »Free Wi-Fi« steht, angezeigt. Dabei sind zwei Stunden surfen kostenlos. Bibliothek wie angrenzende Straße sind nach dem Chemiker Jean-Antoine Chaptal benannt, der sich einen Namen damit machte, dass er eine Methode entwickelte, die den Zuckergehalt von Wein während der Gärung erhöht als so wichtige Errungenschaft gilt, dass sie auch als »Chaptalisierung« bekannt ist. Nebenbei war der Wissenschaftler Minister unter Napoléon.

Bibliothèque Chaptal · Di, Do, Fr 13–19 Uhr, Mi 10–18 Uhr, Sa 10–18 Uhr · 26, Rue Chaptal
Tel. 01 49 70 92 80 · Métro Place de Pigalle

97 Im Siebten Himmel des Terrass Hôtel

Es gibt nicht wenige, die behaupten, dass das Terrass Hôtel die beste Aussicht von Paris hat. Vielleicht haben sie Recht. Das Hotel thront auf dem Montmartre-Hügel wie Sacré Cœur. Auf der Dachterrasse in der siebten Etage können auch Besucher, die nicht im Hotel wohnen, essen oder auch nur einen Drink zu sich nehmen.

Eigentlich wirkt der Hotelklotz mit den 92 Zimmern am Rande des Montmartre-Friedhofs relativ unscheinbar. Das Hotel muss ruhig sein und etwas gehobener, wie man am Foyer unschwer erkennen kann. Der größte Überraschungseffekt wird einem aber zuteil, wenn man mit dem Aufzug rechts vom Eingang in den siebten Stock fährt, man könnte fast sagen in den siebten Himmel. Der Blick, der einen auf der relativ großen mit Pflanzen umrahmten Dachterrasse erwartet, ist mehr als atemberaubend. Ohne zu übertreiben kann man sagen, dass die Aussicht hier den Blick von den Treppen von Sacré Cœur aus noch übertrifft. Der Eiffelturm in der Ferne zeigt sich in seiner vollen majestätischen Größe. Wer keines der etwas gehobenen Mittags- oder Abendessen zu sich nehmen mag, kann sich auch mit einem Kaffee oder einem Glas Champagner begnügen. Der Eindruck wird in jedem Fall in doppeltem Sinne erhebend sein. Direkt unter dem Hotel breitet sich der riesige eingewachsene Friedhof von Montmartre aus, auf dem zahlreiche große Persönlichkeiten ruhen. (s. S. 174) Schweift das Auge in die andere Richtung, erwartet es nicht etwa eine schnöde Hotelmauer. Im Gegenteil, eine für den Montmartre-Hügel typische, graublaue Dachlandschaft mit unzähligen Kaminen und einer Mühle tut sich auf, als wäre sie von einem der Künstler gestaltet, die Anfang des 20. Jahrhunderts den Hügel bevölkerten. An dieser höchsten Erhebung von Paris drehten einmal über 30 Mühlen ihre Flügel. Es wurde nicht nur Korn hier vermahlen, sondern vor allem auch der weiße Gips aus den Steinbrüchen. Heute sind nur noch drei zur Erinnerung daran übrig geblieben: die Moulin de la Galette und die des Kabaretts Moulin Rouge.

Terrass Hôtel · April–Sept. 12–22.30 Uhr, Mittagessen 12–15 Uhr, Abendessen 18–22 Uhr
Rue Joseph-de-Maistre · Tel. 01 46 06 72 85 · www.terrass-hotel.com · Métro Blanche

Auf Spuren eines Kopflosen

Viele Orte in Frankreich heißen nach dem Heiligen Dionysius von Paris »Saint Denis«. Er war um 250 n. Chr. nicht nur der erste Bischof von Paris, sondern wurde zum Märtyrer der besonderen Art. Er soll nach seiner Hinrichtung predigend und mit dem Kopf unter dem Arm in Richtung der heutigen Kathedrale St-Denis marschiert sein.

Nicht weit von dem quirligen Malerplatz Place du Tertre entfernt liegt der kleine Park Square Suzanne Buisson. Hier steht an einem Brunnen die Statue von Saint Denis. Nach der Enthauptung durch die Römer soll der Heilige nicht nur mit seinem Kopf unter dem Arm weiterpredigend sechs Kilometer gen Norden gezogen sein, sondern an dieser Stelle sein blutiges Haupt gewaschen haben. Über seiner Grabstätte erbaute man später die berühmte Basilika von St-Denis, die über tausend Jahre die Grablege der französischen Könige war. Am Montmartre-Hügel fand sich bald ein unermesslicher Pilgerstrom aus ganz Europa ein. Und nicht nur Pilger, auch junge Frauen besuchten die Brunnen häufig. Sie sollten vor ihrer Heirat aus dem Brunnen trinken, auf dass sie ihren Ehemännern treu blieben. Der Pilgerstrom wuchs noch einmal, als man 1611 den Hinrichtungsort von Saint Denis entdeckt zu haben glaubte. Bei Umbauarbeiten in einer Kapelle, in der Ignazius von Loyola, der Begründer des Jesuitenordens sein Gelübde abgelegt hatte, bemerkte man plötzlich, dass eine Treppe nach unten in eine Krypta führte. Die Krypta ist heute noch – allerdings nur Freitagnachmittags – hinter einer unscheinbaren Türe an der Rue Yvonne le Tac Nr. 11 zu besichtigen. Es handelt sich wohl um einen der kontemplativsten Orte von Paris. Oben auf dem Hügel befindet sich die Kirche Saint-Pierre (s. S. 172), an deren Stelle sich einst der Merkurtempel und gegenüber von dieser der Marstempel befand. Man nimmt heute an, dass sich die Bezeichnung Montmartre auf diese Tempel (= Berg des Merkur und Mars) bezieht, obwohl man lange gedacht hatte, dass der Begriff sich als »Berg des Martyrers« erklärt.

Square Suzanne Buisson · täglich 9–19 Uhr · 7, Rue Girardon · Métro Lamarck – Caulaincourt

Cabaret Michou

Cabaret, Revue und Show sind immer noch Synonyme für das Pariser Nachtleben und der leichten Unterhaltung. Auch wenn die großen Zeiten eines Moulin Rouge, Lido oder der Folies Bergère vorbei sind, werden diese noch gerne gebucht. Aber einen besonderen Abend erlebt derjenige, der bei Michou einkehrt.

Das Moulin Rouge wurde im Zuge der Weltausstellung von 1889 eingeweiht und ist durch den Can-Can und die Bilder von Toulouse-Lautrec weltberühmt geworden. Am Abend füllen Touristenscharen den mit 800 Plätzen ausgestatteten Saal. Wer es authentischer und familiärer mag, geht am besten nur wenige Schritte weiter in die Rue des Martyrs 80. Dort empfängt Michou seit 1956 fast täglich seine rund 70 Gäste mit einer Travestieshow, die einen besonderen Abend garantiert. Nachdem der über Achtzigjährige das Publikum wie seine besten Freunde begrüßt hat, wird aufgetischt. Das anschließende Spektakel kann nämlich mit einem Abendessen verbunden werden. Die Équipe von etwa einem Dutzend Männern, die in großer Maske perfekt geschminkt sind, serviert geschwind und mit auffallend freundlicher Stimmung das Dinner. Musik läuft, die Spannung steigt. Nach dem Abräumen der Tische bis auf die Getränke verschwinden einige Kellner. Dafür kommen diejenigen Besucher von draußen herein, die kein Abendessen gebucht haben. Die Gäste des kleinen Raumes sitzen fast auf der Bühne, der Vorhang geht auf. Dalida, die weltberühmte italienische Sängerin, die hier am Montmartre um die Ecke gewohnt hat, erscheint mit wallenden blondem Haar und rotem Glitzerkleid. Kokett wirft sie ihre Mähne nach hinten und singt und tanzt mit gekonnten Bewegungen zur Playback-Musik. Es treten Mirelle Mathieu, Celine Dion, Edith Piaf und Charles Aznavour in perfekter theatralischer Gestik auf. Der Funke springt über, die Stimmung unter dem meist französischen Publikum ist großartig. Auf dem Weg zur Toilette sind die Wände gepflastert mit Fotos, auf denen Michou mit bekannten Persönlichkeiten abgebildet ist.

Cabaret Michou · täglich ab 20.15 Uhr mit Abendessen, ab 22.30 Uhr Show · 80, Rue des Martyrs
Tel. 01 46 06 16 04 · www.michou.com · Métro Pigalle

Essen und Trinken

1728 22
À la Petite Chaise 58
Au vieux Paris d'Arcole 52
Baron Rouge 146
Bel Canto Paris 36
Bouillon Racine 96
Café Carlu 102
Café des 2 Moulins 179
Fouquet's 107
Foyer de la Madeleine 24
Grande Mosquée de Paris 144
Icebar im Kube Hotel 150
Le Calife 64
Le Petit Fer à Cheval 130
Le Procope 50
Le Vieux Belleville 134
Musée du Vin Paris 114
Pavillon Henri IV und Restaurant 104
Restaurant des Musée d'Orsay 54
Terrass Hôtel 184

Einkaufen

Bibliothèque Chaptal 182
Bon Marché 94
Debauve & Gallais 86
Dehillerin 30
Deyrolle 42
Panthéon Bouddhique 122
Institut du Monde Arabe 156
Julien Aurouze 32
L'Appartement Emmaüs au 104 164
Le Village Saint Paul 168
M. G. W. Segas, Galerie 34 34
Marché aux Fleurs Reine Elizabeth II 44
Marché Dejean 132
Passage Brady 6
Bienenstöcke im Jardin du Luxembourg 38
Stohrer-Pâtissier, Traiteur 20
Uniqlo Marais 128

Entspannt und draußen

Bienenstöcke im Jardin du Luxembourg 38
Jardin du Luxembourg 52
Jardin de la Nouvelle France 120
La Maison de l'Amérique latine 60
La Pagode 40
Le Calife 64
Le Jardin du Petit Palais 100
Les Berges 56
Panthéon Bouddhique 122
Parc de Bagatelle 108
Square René-Viviani-Montebello 88
Square du Vert Galant 90
Square Tino Rossi 152

Freizeit und Familie

Cabaret Michou 188
Karussell im Jardin du Luxembourg 69

Kunst und Kultur

Bank Société Générale 9
Basilique Notre-Dame des Victoires 14
Cathédrale Notre-Dame de Paris 74
Cathédrale Saint-Alexandre-Newsky 107
Cinémathèque Française 126
Cloître des Billettes 160
Crypte Archéologique du Parvis de Notre-Dame 82
Église Saint-Pierre de Montmartre 172
Espace Culturel Louis Vuitton 110
Fachwerkhäuser 142
Fontaine Stravinsky 16
Friedhof Montmartre 174
Galerie des bustes in der Comédie-Française 12
Grabmal von Heloise und Abaelard 70
Interieur d'une Cuisine 15
Jardin du Luxembourg 72
L'Horologe 80
L'Hotel 62
La Défense 112
Maison de Victor Hugo 138
Métro Station Varenne 98
Musée Carnavalet 158
Musée de Cluny 46
Musée de Cluny 48
Musée de la Vie Romantique 180
Musée Delacroix 66
Musée du Parfum 28
Musée du Vin Paris 114
Notre-Dame de Paris 68
Opéra Garnier 9
Passerelle Simone-de-Beauvoir 166
Pavillon Henri IV und Restaurant 104
Place Igor Stravinsky 136
Rue des Jardins-Saint-Paul 140
Saint Severin 92
Théâtre de la Ville, Sarah Bernhardt 10
Trinkwasserbrunnen 170
Zuave 80

Überraschendes und Spannendes

Ballon de Paris 124
Comptoir du Thé 154
Deyrolle 42
Flamant 76
Hôtel de Beauvais 162
Hôtel du Nord 148
Julien Aurouze 32

Le Caveau des Oubliettes 63
Le Procope 50
Le Temple de l'Amicale des Teochew 84
Mural des Je t'aime 172
Obélisque de Louxor 116
Parvis de Notre-Dame 26
Passe-Muraille 176
Square Suzanne Buisson 186
Straßenreinigung 179
Wendeltreppe in der Rue Radziwill 18

▶ **Impressum**

Verantwortlich: Ulrich Jahn, Marianne Rösler
Redaktion: Annette Rose
Layout: graphitecture book & edition
Korrektorat: SAW Communications, Julia Gilcher
Umschlaggestaltung: Karin Vollmer
Kartografie: Kartographie Huber, Heike Block
Herstellung: Bettina Schippel

⭐⭐⭐⭐⭐
Sind Sie mit diesem Titel zufrieden? Dann würden wir uns über Ihre Weiterempfehlung freuen.
Erzählen Sie es im Freundeskreis, berichten Sie Ihrem Buchhändler, oder bewerten Sie beim Onlinekauf.
Und wenn Sie Kritik, Korrekturen, Aktualisierungen haben, freuen wir uns über Ihre Nachricht an Bruckmann Verlag, Postfach 40 02 09, D-80702 München oder per E-Mail an lektorat@verlagshaus.de.

Unser komplettes Programm finden Sie unter

Alle Angaben dieses Werkes wurden vom Autor sorgfältig recherchiert und auf den aktuellen Stand gebracht sowie vom Verlag geprüft. Für die Richtigkeit der Angaben kann jedoch keine Haftung übernommen werden.

Bildnachweis: Alle Bilder des Umschlags und des Innenteils stammen von Waltraud Pfister-Bläske, außer S. 186: picture alliance/ Catherine Bibollet. Umschlagvorderseite: Brunnenskulptur am Museum Centre Pompidou (huber-images.de/Otto Stadler), Rosenblüten (fotolia.de/womue)

Die Deutsche Nationalbibliothek verzeichnet diese Publikation in der Deutschen Nationalbibliografie; detaillierte bibliografische Daten sind im Internet über http://dnb.d-nb.de abrufbar.

© 2015 Bruckmann Verlag GmbH
ISBN 978-3-7654-8733-0

Direkt und entspannt nach ...

...Paris

Schnell und günstig nach Frankreich.

Frankfurt–Paris und Stuttgart–Paris mehrfach täglich direkt in 3¾ Stunden, München–Paris ebenfalls direkt. Ab Frankfurt auch ohne Umsteigen nach Straßburg, Lyon, Avignon, Aix-en-Provence und Marseille. Alle Ziele ab 39 Euro. Weitere Infos unter **www.bahn.de/paris**.

Die Bahn macht mobil.

in Kooperation / en coopération